uso de la gramática española avanzado

Francisca Castro

Usa este código para acceder al
BANCO DE RECURSOS
disponible en
ELE digital
www.anayaeledigital.es

edelsa

1.ª edición: 2020
2.ª impresión: 2023

Equipo editorial
Coordinación: Mila Bodas
Edición: María Sodore
Diseño interiores y cubierta: Carolina García
Maquetación: Estudio Grafimarque, S.L.
Corrección: Natalia García

ISBN: 978-84-9081-627-1
Depósito legal: M-13254-2020
Impreso en España/*Printed in Spain*

Las normas ortográficas seguidas en este libro son las establecidas por la Real Academia Española en su útima edición de la *Ortografía*.

La editorial Edelsa ha solicitado los permisos de reproducción correspondientes y da las gracias a todas aquellas personas e instituciones que han prestado su colaboración.

USO
de la gramática española

Francisca Castro

La organización general de *Uso de la gramática española* es la del *syllabus* gramatical con el que los manuales de ELE suelen articular la progresión del aprendizaje en sus diferentes niveles.

Su objetivo es dar a la gramática la importancia que tiene como medio para obtener competencia lingüística y, al tiempo, mayor confianza a la hora de comunicar.

Los 22 temas de *Uso de la gramática española* -nivel avanzado- presentan toda la gramática necesaria para un tercer año de español y la trabajan en una serie de ejercicios sistemáticos y graduados.

Cada tema tiene las siguientes partes:

Presentación de los puntos gramaticales, con ilustraciones y cuadros de los modelos.

De este modo, fundamentalmente visual, se recibe una información global, clara y esquemática que servirá como elemento de consulta rápida en cualquier momento del aprendizaje.

Uso, que explica las reglas esenciales de funcionamiento de los puntos gramaticales en situación de comunicación cotidiana, con el apoyo de numerosos ejemplos.

Se ha procurado que el lenguaje esté al alcance de todos los posibles usuarios. Por tanto, se ha utilizado solo la terminología lingüística imprescindible y las explicaciones son muy sencillas en el léxico y en la estructura.

Ejercicios, que reúnen las siguientes características:

- diseño que permite trabajar primero la forma y a continuación su uso en el contexto de la frase,
- gradación que va desde las actividades controladas hasta las de producción libre y semilibre en el interior de los temas,
- selección de vocabulario en función de la rentabilidad, la adecuación al nivel y el incremento gradual para su asimilación fácil y completa.

Uso de la gramática española se concibe como un material de trabajo activo, en el aula o en autoaprendizaje.

Como elementos que posibilitan la autonomía del aprendizaje, las páginas de ejercicios tienen espacios asignados para la autoevaluación: al final de cada ejercicio y al final de cada tema para el balance de aciertos.

También hay ejercicios de práctica libre y semilibre respectivamente. Estos ejercicios no se incluyen en el número de aciertos porque no tienen una solución fija.

Al final de la obra hay una serie de **Ejercicios complementarios sobre textos narrativos** cuyo objetivo es que el aprendiente practique de forma contextualizada los tiempos y modos de la narración.

La autora

ÍNDICE

Tema 1

U LA IMPERSONALIDAD Y LA VOZ PASIVA

La impersonalidad
Se + verbo en 3.ª persona del singular o del plural Verbo en 3.ª persona del plural

La voz pasiva Verbo ***ser*** + participio + (***por*** + sustantivo)		
(yo)	soy / he sido / fui...	premiado/-a/-os/-as
(tú)	eres / has sido / fuiste...	
(él/ella/usted)	es / ha sido / fue...	
(nosotros/-as)	somos / hemos sido / fuimos...	
(vosotros/-as)	sois / habéis sido / fuisteis...	
(ellos/-as/ustedes)	son / han sido / fueron...	

Uso

La impersonalidad

Se usa para generalizar y expresar que no interesa quién es el sujeto de la acción:

1 *Se* + verbo en 3.ª persona del singular:

- *En España **se cena** muy tarde, a partir de las 9.*

Se + verbo en 3.ª persona del singular o del plural.
Lleva un sujeto gramatical que concuerda con el verbo:

- ***Se** come mucho pan.*
- *Ahora **se** consum**en** muchas naranjas.*

2 Verbo en 3.ª persona del plural.
Expresa que existe un sujeto que no nos interesa nombrar o que no conocemos:

- ***Han llamado** hoy y **han dicho** que **vendrán** a arreglar el ordenador.*
- *Buenos días, ¿**venden** libros antiguos?*

3 A veces se pueden usar las dos formas:

- ***Se dice** que **va a subir** el precio de la gasolina otra vez.*
- ***Dicen** que **va a subir** el precio de la gasolina otra vez.*

La voz pasiva

1 Verbo *ser* + participio.
Se emplea principalmente en el lenguaje periodístico y en narraciones históricas.
Es importante elegir el tiempo adecuado en función del marcador temporal.

- ***Hoy han sido clausuradas** las III Jornadas de Gastronomía Vasca.*
- ***Ayer fueron clausuradas** las III Jornadas de Gastronomía Vasca.*

2 Verbo *ser* + participio + *por* + sustantivo
Permite expresar el agente de la acción.

- *Este monasterio **fue construido** en el siglo XIV **por un rey cristiano**.*

Ejercicios

1. Complete las frases siguientes con la forma *se* + verbo en 3.ª persona sing. /plural.

1. *El día 5 de junio se celebra el Día Mundial del Medio Ambiente. (celebrar)*
2. *Se arreglan bicicletas. (arreglar)*
3. El aceite español ________________ a todo el mundo. *(exportar)*
4. ________________ clases de piano. *(dar)*
5. ¿Es aquí donde ________________ un piso? *(alquilar)*
6. Cada día ________________ más coches eléctricos en la calle. *(ver)*
7. Ahí ________________ especialmente juguetes. *(fabricar)*
8. ________________ más gente para ese trabajo. *(Necesitar)*

Aciertos: .... de 6

2. En estas frases, escoja la forma más adecuada: verbo en 3.ª persona del plural, o *se* + verbo en 3.ª persona singular / plural.

1. *Perdone, señor, pero aquí no se permite entrar a los perros. (permitir)*
2. Buenos días, ¿aquí __________ guitarras? *(arreglar)*
3. A veces, en un país extranjero es difícil saber qué __________ hacer y qué no __________ hacer. *(poder, poder)*
4. En español __________ «Lo siento» cuando alguien anuncia una mala noticia. *(decir)*
5. ¿Puede hablar más alto?, aquí no __________ nada. *(oír)*
6. A Juan lo __________ en el trabajo. *(ascender)*
7. Este palacio lo __________ el siglo pasado. *(restaurar)*
8. Lo siento, pero en las rebajas no __________ cambios. *(admitir)*
9. He preguntado en la Secretaría y me __________ que no hay clase. *(decir)*
10. No __________ qué va a pasar en las próximas elecciones. *(saber)*
11. A veces __________ cosas que no son convenientes. *(decir)*
12. ¿Tú crees que la era digital es la causante de que __________ menos libros? *(leer)*
13. Buenas tardes, ¿__________ pantalones negros de cuero? *(tener)*
14. No, todavía no __________ el informe que presenté el mes pasado. *(evaluar)*
15. Lo __________ cuando salía del banco con el dinero. *(detener)*
16. Este tipo de calzado ya no __________ mucho. *(fabricar)*
17. ¿Todavía no __________ a arreglar el *router*? *(venir)*
18. El mes pasado a mí me __________ menos en la nómina. *(pagar)*

Aciertos: .... de 18

3. Estas frases son correctas, pero no son habituales en español. Reescríbalas en la forma activa, con el verbo en la 3.ª persona del plural.

1. *El niño perdido ya ha sido encontrado.*
   Ya han encontrado al niño perdido.

2. El ascensor ha sido arreglado hoy.

____

3. En este bar son preparados diariamente mil bocadillos de jamón.

____

4. Un nuevo centro comercial va a ser construido ahí.

____

5. El día y la hora del estreno han sido cambiados.

____

6. El mes pasado el precio de la gasolina fue subido dos veces.

____

Aciertos: .... de 5

4. Siga el modelo.

1. La Maja desnuda / *pintar* / *Goya* *La Maja desnuda fue pintada por Goya.*
2. El submarino / inventar / un español ______________________
3. El acueducto de Segovia / construir / romanos ______________________
4. *Romeo y Julieta* / escribir / Shakespeare ______________________
5. La penicilina / descubrir / Fleming ______________________
6. La *Novena Sinfonía* / componer / Beethoven ______________________
7. Dolor y Gloria / dirigir / P. Almodóvar ______________________

Aciertos: .... de 6

5. Complete estas noticias con el verbo *ser* + el participio de uno de estos verbos.

detener condenar asaltar encontrar premiar
aplazar traducir llevar trasladar clausurar

1. *Hoy ha sido clausurada en Sevilla la quinta edición de la Feria de Arte Antiguo.*
2. El culpable ______________ a veinte años de prisión.
3. El camión que llevaba ayuda humanitaria ______________ ayer por los rebeldes.
4. ______________ tres presuntos terroristas por el atentado.
5. La sede de esta empresa ______________ a otra ciudad.
6. Los detenidos ______________ delante del juez ayer por la la mañana.
7. Todos sus libros ______________ a varios idiomas.
8. ______________ el cuadro de Picasso desaparecido.
9. Esa película ______________ en el Festival de Valladolid de este año.
10. La reunión ______________ a causa del mal tiempo.

Aciertos: .... de 9

6. Complete la siguiente receta de un postre español con estos verbos en forma impersonal con *se*.

poner dejar (2) colocar (2) rebozar **cortar**
poder verter sacar batir dar coger freír

TORRIJAS

Ingredientes:
- *1 pan de torrijas (mejor comprado la víspera)*
- *3/4 de litro de leche*
- *3 cucharadas soperas de azúcar*
- *2 o 3 huevos*
- *1 litro de aceite*
- *azúcar molida para espolvorear*

Se corta la barra de pan en rodajas de un dedo de grosor (2 cm) y 2. ________ en una fuente un poco honda. 3. ________ la leche a calentar con las 3 cucharadas de azúcar y cuando está a punto de hervir 4. ________ sobre el pan. 5. ________ una hora para que se empapen. En un plato sopero 6. ________ los huevos. En el momento de freír las torrijas, 7. ________ de una en una con una espumadera, 8. ________ en el huevo y 9. ________ en el aceite caliente. Cuando están doradas por un lado, 10. ________ la vuelta con cuidado para que no se rompan. 11. ________ de la sartén y 12. ________ escurrir un poco.
13. ________ en la fuente donde se vayan a servir, espolvoreándolas con azúcar. 14. ________ servir templadas o frías.

Aciertos: .... de 13

TEMA 1 TOTAL aciertos: .... de 57

Tema 2

U SER Y ESTAR

Ser	
obligatorio	(in)justo
aficionado	(in)conveniente
simpático	(im)probable
indiferente	(in)necesario
famoso	(in)voluntario
tímido	(in)útil
similar	(in)increíble

Estar
aparcado
acostumbrado
prohibido
quieto
muerto
dormido
convencido
satisfecho

Ser / Estar		
claro	oscuro	limpio
tranquilo	fuerte	sucio
verde	aburrido	grande
despierto	listo	frío
delicado	vago	parado
ancho	ansioso	peor

Uso

Ser

1 Se usa para definir e identificar cosas y a personas:
- *Aquella **es** la protagonista de la película.*

2 Expresa cualidades físicas y morales:
- *Sus abuelos **son** mayores y simpáticos.*

3 Expresa un juicio de valor:
- *Lo que cuentas **es** injusto.*

4 Se usa para indicar el lugar, la hora y la fecha de una celebración:
- *¿Sabes cuándo, dónde y a qué hora **es** la conferencia del Dr. Cariñeno?*
- ***Es** el martes, a las 5, en el aula 6.*

5 Permite describir con expresiones valorativas:
- *¡Qué amable! Esa mujer **es** un encanto.*
- *Eres muy desordenado. ¡**Eres** un desastre!*

Estar

1 Se usa para hablar del estado de ánimo de las personas o del estado de las cosas:
- *Elena **está preocupada** por las noticias de las inundaciones en Levante.*
- *Tu habitación **está muy desordenada**.*

2 Expresa situación y presencia:
- *Estoy aquí contigo.*

3 Indica la temperatura:
- *¡Qué frío! Estamos a 5 grados bajo cero.*

4 Permite formar perífrasis (+ gerundio) que expresan la acción en su desarrollo:
- ***Estábamos saliendo** de casa cuando nos llamaron del hospital.*

5 Indica que una actividad profesional tiene un carácter más o menos temporal:
- *Su novio es profesor, pero ahora **está de jardinero**.*

6 Permite formar expresiones:
- ***Estar de guardia, por las nubes, de moda, de suerte, de broma, que trina.***

Ser / estar

1 En general, podemos decir que, con el mismo adjetivo, usamos *estar* para hablar de algo temporal y *ser* para hablar de una cualidad inherente:
- *Mi tío ya **no es joven**, pero **está muy joven**.*

2 Sin embargo, se pueden observar cambios en el significado de los adjetivos, según se utilicen con un verbo u otro. Observe los ejemplos:
- *El aceite de oliva **es muy bueno** para la prevención de las cardiopatías. (Para la salud)*
- *Este aceite de oliva **está muy bueno**, ¿dónde lo has comprado? (De sabor)*
- *Esta blusa me gusta, **es ancha**. (Está hecha así)*
- *Esta blusa no me gusta, **me está ancha**. (A mí me queda ancha, no me queda bien)*

1. Complete las frases siguientes con *ser* o *estar*.

1. *Parece que mi madre está mejor desde que la vio el médico.*
2. Mi mejor compañía ________ un buen libro.
3. La reunión ________ en el aula 8, el lunes próximo.
4. ¿Qué ________ pasando aquí?
5. ¿Dónde ________ el accidente?
6. Desde que tú ________ conmigo, mi vida ________ distinta.
7. Esta niña ________ un encanto.
8. ¿Qué ________ de aquel novio que tuviste hace años?
9. • ¿Qué hace Estrella?
   • ________ de directora de una sucursal del Banco Español.
10. Dijo que no ________ dispuesta a seguir trabajando tanto.
11. Rafael Nadal ________ uno de los mejores tenistas del mundo.
12. Yo creo que tú ________ mejor con el pelo corto.
13. No lo esperes, porque no ________ seguro que venga.
14. ¿Ustedes ________ de la empresa de mi mujer?
15. Estos bolígrafos no ________ de la misma calidad que los otros.
16. No te preocupes por el coche, ________ asegurado a todo riesgo.
17. ¿Tú crees que este sistema de encendido del gas ________ bastante seguro?
18. Cállate, ________ mejor que no digas nada.
19. Vengan rápido, por favor, ________ una urgencia.
20. No te tomes ese café, ________ frío.
21. No ________ loco, hace demasiado frío para bañarse en la piscina.
22. Jimena ________ muy grave, pero espero que se recupere.
23. Doctor, ¿usted cree que lo de mi hermano ________ grave?
24. Por favor, no hagas eso, ________ una locura.
25. Si no ________ satisfecho con su compra, le devolvemos su dinero.
26. Pepe ________ bastante maniático, nada le parece bien.
27. La mayoría de la gente ________ concentrada en la plaza del pueblo.
28. ¿________ seguros de que ella vive aquí?
29. Hoy María ________ más alegre que de costumbre.
30. Juan ________ ansioso por saber si aprobará o no.

Aciertos: .... de 30

2. Señale las seis frases incorrectas y corríjalas.

1. *Mamá, la sopa es fría. Incorrecta.*
   Mamá, la sopa está fría.
2. Este jersey no me queda bien, me está estrecho.
   ____
3. La boda de mi hermano está el domingo próximo en el restaurante Miramar.
   ____
4. El mar estaba a pocos kilómetros de allí.
   ____

5. Esta película está muy buena.

____

6. Su cumpleaños está en diciembre.

____

7. Allí es donde vive Jacinto.

____

8. ¿De cuándo es ese periódico?

____

9. Las lentejas están muy sosas, ¿no les has echado sal?

____

10. Hoy hace calor, somos a 35º a la sombra.

____

11. ¿Está lista la cena?

____

12. No pensaba que esta película estuviera tan larga.

____

13. Lucía es de camarera en un bar de la costa.

____

14. La escalera de mi casa era de piedra blanca.

____

15. Esos están en contra de la huelga.

____

Aciertos: .... **de 14**

3. Complete las frases con una de las expresiones del recuadro.

estar hasta las narices	estar al corriente	estar de suerte
estar de guardia	estar de moda	estarle (a alguien) bien empleado
estar por las nubes	estar que trina	estar de broma

1. *Por favor, ¿puede decirme qué farmacia está de guardia esta noche?*
2. ¡No puedo más! ______________ de tu actitud.
3. La vida está cada día más cara, los precios ______________
4. Pues sí, este año ______________, me han ofrecido varios papeles para trabajar en la televisión y en el cine.
5. No sé qué le pasa a tu marido, pero está enfadadísimo. ¡______________!
6. Esa gente es muy cotilla, ______________ de la vida de todo el vecindario.
7. • ¿Sabes que a Emilio le han puesto otra multa?
   • ______________, por no hacer las cosas como es debido.
8. Este año ______________ los pantalones estrechos, a diferencia del año pasado.
9. ¿Qué dices? No me lo creo, ¿______________?

Aciertos: .... **de 8**

4. **Complete las frases con *ser* o *estar*. Algunos adjetivos cambian de significado según se usen con uno u otro.**

1. *Este flan está riquísimo.*
2. __________ claro que este año no vamos a poder ir de vacaciones.
3. Yo no creo que __________ malo que los jóvenes salgan por la noche.
4. Miguel __________ todavía un poco verde para el examen de conducir.
5. Su novia __________ atenta y educada, pero no tiene trabajo, __________ parada.
6. ¿No crees que este color __________ demasiado claro para el fondo?
7. Dice el refrán que «todo lo barato __________ caro».
8. Cuando fui a su habitación, aún __________ despierta.
9. Lo siento, no vi nada porque todo __________ muy oscuro.
10. La noche __________ oscura porque casi no hay Luna.
11. Ten cuidado con las copas, __________ muy delicadas.
12. Para ese trabajo hace falta alguien que __________ más despierto que tu primo.
13. Me parece que Felipe __________ demasiado vivo.
14. No me gusta este tono para el sofá, __________ muy claro, se va a manchar.
15. Sí, mi tía siempre __________ delicada de salud.
16. El vendedor de la esquina __________ ciego de nacimiento.
17. La madre de Puri __________ una señora entrañable.
18. Aunque el agua parece clara, __________ sucia.
19. ¿__________ claro lo que he explicado hasta ahora?
20. __________ listo si crees que te lo voy a contar: __________ un secreto.
21. El enfermo ya __________ muy débil, no come nada.
22. Tienes que __________ fuerte para el partido de mañana.
23. Yo creo que los espárragos no __________ bien conservados en esta lata.

Aciertos: .... de 24

5. **Relacione las expresiones con su significado.**

1. *Ser un caradura.*
2. Ser todo oídos.
3. Ser un plomo.
4. Ser agarrado.
5. Ser un hueso.
6. Ser un buen partido.
7. Ser un cero a la izquierda.
8. Ser pan comido.

a. *Una persona que se aprovecha de las demás.*
b. Una persona que no quiere gastar dinero nunca.
c. Una persona que no vale para nada.
d. Una persona muy dura, exigente.
e. Una persona que aburre a las demás.
f. Algo que resulta muy fácil.
g. Una persona que escucha atentamente.
h. Una persona con una muy buena posición social para casarse con ella.

Aciertos: .... de 7

TEMA 2 TOTAL aciertos: .... de 83

Tema 3

U LAS ORACIONES CAUSALES

Las oraciones causales	
Como, ya que, puesto que, que, porque	+ indicativo
Por	+ infinitivo / nombre / adjetivo
A causa de	+ nombre

Las oraciones que expresan causa pueden ir introducidas por las siguientes conjunciones.

Porque, que

1 Las causales introducidas por *porque* van siempre en segundo lugar, detrás de la oración principal:

- *Está muy contenta **porque ha encontrado** un buen trabajo.*

2 Las frases introducidas por *que* son coloquiales y en la oración principal suele haber un imperativo:

- *Niño, **ven** aquí, **que** te **voy** a dar la merienda.*

Como

1 Las causales introducidas por *como* van antes de la oración principal:

- ***Como no venías**, empecé a comer yo sola.*

Ya que, puesto que

1 Las causales introducidas por *ya que* y *puesto que* pueden ir antes o después de la principal, generalmente se usan cuando la razón es obvia, conocida por todos. *Puesto que* se utiliza en contextos formales:

- *Juan, **ya que estás** en la cocina, tráeme agua.*
- ***Puesto que no hay acuerdos**, no podemos firmar el contrato.*

Por, a causa de

1 *Por* + infinitivo / nombre / adjetivo:

- *Han despedido a un jugador **por insultar** al árbitro.*
- *Lo he comprado **por el estilo** que tiene.*
- *Criticaron al gobierno **por irresponsable**.*

2 *A causa de* + nombre:

- *Tuvieron que cerrar las carreteras al tráfico **a causa de la nieve**.*

¿Por qué...?, ¿cómo...?

1 Se utilizan para preguntar por la causa:

- *¿**Por qué no vienes** esta tarde?*
- *¿**Cómo** (es que) **no viniste** a la inauguración de la Feria?*

Ejercicios

1. Relacione.

1. *Como eran tan baratos,*
2. No le gusta esquiar,
3. Nos hemos subido aquí,
4. Corre,
5. Ya que estás aquí,
6. Te has caído,
7. Prepara el horno,
8. Puesto que la bicicleta ya no sirve,
9. A causa de su trabajo,

a. porque tiene miedo de caerse.
b. compraremos otra.
c. Valeria tiene que vivir cerca del hospital.
d. por mirar hacia atrás.
e. que voy a meter la tarta.
f. arréglame la tele.
g. que se va el autobús.
h. porque abajo hacía mucho calor.
i. *me compré tres.*

Aciertos: .... de 8

2. Escriba el verbo entre paréntesis en la forma más adecuada.

1. *Yo creo que David no sale con nosotros porque le caemos mal. (caer)*
2. Como ___________ mucho, no pudimos salir del refugio. *(llover)*
3. Le tomaban el pelo porque ___________ conmigo. *(salir)*
4. El otro día, como no ___________ dónde vivía Jesús, se lo ___________ a Laura. *(saber, preguntar, yo)*
5. Puesto que tú ___________ la jefa, tú mandas. *(ser)*
6. Hay que tener cuidado cuando pasa un camión, ya que ___________ una gran masa de aire. *(arrastrar)*
7. Cuidado, que te ___________ a quemar. *(ir)*
8. La doctora no podrá atenderles hoy porque ___________ de viaje. *(estar)*
9. Ya que ___________ al club, dile a Juanjo que lo llamaré mañana. *(ir)*
10. Eso te pasa por ___________ donde no te llaman. *(meterse)*
11. Ella vino porque la ___________ Sara. *(llamar)*
12. Como allí no ___________ hacer nada, me fui a mi casa. *(poder)*

Aciertos: .... de 12

3. Transforme estas afirmaciones en preguntas. Siga el modelo.

1. *Estás muy delgado.*
   ¿Cómo es que estás tan delgado?
2. Hace mucho tiempo que no pasas por la asociación.
   ____
3. No salís de vacaciones este año.
   ____
4. Han vendido la tienda los Pérez.
   ____
5. No has ido a trabajar hoy.
   ____

6. Han cerrado la oficina de Correos.

____

7. Habéis llegado muy tarde.

____

Aciertos: .... de 6

4. Complete las frases con el nexo causal más adecuado.

porque (2) como (5) por (2) ¿por qué? (3) que (2)

1. *Fuimos a bañarnos porque hacía un calor horrible.*
2. ¿__________ te enfadaste con tus compañeros el otro día?
3. No quiero más, gracias. No puedo comer más __________ estoy satisfecha.
4. Yo estaba furioso conmigo mismo __________ haber aceptado el chantaje.
5. Date prisa, __________ pueden venir los otros de un momento a otro.
6. __________ él había planeado pasar el fin de semana conmigo, le sugerí que fuéramos a Sevilla.
7. __________ no confiaba en mi memoria, lo apunté todo en un papel.
8. Eso te pasa __________ no mirar dónde pisas.
9. Vámonos ya a casa, __________ es tarde.
10. ¿__________ no llamas a Marcela y la invitas a comer?
11. __________ mi madre ya había hecho la comida, me quedé a comer con ella.
12. __________ yo era el único responsable de la seguridad, pedí aumento de sueldo.
13. __________ estaban muy preocupados, no quise decirles nada.
14. ¿__________ te enfadas?, yo no te he hecho nada.

Aciertos: .... de 13

5. Elija la conjunción correcta.

1. *Se producen muchos accidentes a causa del / porque alcohol.*
2. No pude ir a buscarte al aeropuerto *porque / a causa de* tuve que quedarme en una reunión importantísima.
3. Lo expulsaron del ejército *porque / a causa de* su irresponsabilidad.
4. *Porque / A causa del* mal tiempo se tuvo que suspender la búsqueda de los montañeros desaparecidos.
5. Se hizo maestro *porque / a causa de* le encantaban los niños.
6. No pudo seguir trabajando en la empresa *porque / a causa de* su mal carácter.
7. Cada día hay más economía sumergida *porque / a causa del* paro.
8. Se operó de la garganta *porque / a causa de* se lo habían aconsejado los dos médicos a los que consultó.
9. La Tierra se calienta cada día más *porque / a causa de* la contaminación.
10. No les gustaba salir con Elena *porque / a causa de* ella se mostraba muy pedante cada vez que hablaba.

Aciertos: .... de 9

6. Forme una frase compuesta con estas dos frases. Utilice el conector.

1. *Nos fuimos. No venías. (como)*
   Como no venías, nos fuimos.
2. Tenía muchas pesadillas. No podía dormir. *(porque)*
   ____
3. Tiene experiencia profesional. Ha conseguido este puesto. *(por)*
   ____
4. Iré sola. Nadie me acompaña. *(puesto que)*
   ____
5. Hubo una pandemia. El mundo se detuvo. *(a causa de)*
   ____
6. Déjame este libro. Lo has leído. *(ya que)*
   ____
7. Me encanta este artista. Su talento es enorme. *(por)*
   ____
8. Tengo mucha hambre. Hoy no he desayunado. *(como)*
   ____
9. Se separaron. Ya no lo quería. *(porque)*
   ____

Aciertos: .... de 8

7. Subraye la conjunción adecuada.

1. *Se notaba que eran hermanas gemelas por / porque su parecido.*
2. *A causa de / Como* le gustaba la montaña, iba a esquiar siempre que podía.
3. No quiso pedir perdón *por /porque* orgulloso.
4. *Ya que / Porque* estoy aquí, dame un beso.
5. Este político tiene muchos seguidores *puesto que / por* su carisma.
6. La calidad del aire no es buena, *puesto que / por* las industrias siguen contaminando.
7. Este país tiene muchos ingresos *por / ya que* ser muy turístico.
8. *A causa de / Como* le faltó el respeto a un compañero, lo despidieron *puesto que / por* maleducado.

Aciertos: .... de 8

8. Intente encontrar respuestas lógicas para estas preguntas.

1. *¿Por qué se duerme la siesta en algunos países?*
   Porque hace demasiado calor para trabajar en las primeras horas de la tarde.
   Como es una costumbre antigua, todavía se sigue haciendo.
   Porque en esos países la gente se acuesta tarde y luego tiene sueño de día.
2. ¿Por qué las mujeres llevan falda y los hombres no?
3. ¿Por qué fuma la gente?
4. ¿Por qué hay guerras y hambre en el mundo?
5. ¿Por qué hay que ir a la escuela a aprender?
6. ¿Por qué compramos lo que anuncian en la tele?
7. ¿Por qué le gusta la primavera a casi todo el mundo?
8. ¿Por qué canta y baila la gente?

Aciertos: .... de 7

TEMA 3 TOTAL aciertos: .... de 71

Tema 4

U LOS INDEFINIDOS Y CUANTITATIVOS

Los indefinidos y cuantitativos	
Invariables	Variables (personas y cosas)
(Para personas) *Alguien / nadie*	*Algún(-o), -a, -os, -as* *Ningún(-o), -a, -os, -as* *Uno, -a, -os, -as*
(Para cosas) *Algo / nada*	*Demasiado, -a, -os, -as* *Bastante, -es* *Mucho, -a, -os, -as*
(Para personas y cosas) *Cada*	*Todo, -a, -os, -as* *Poco, -a, -os, -as* *Cualquier(-a)* *Varios, as*

Uso

Alguien / nadie / algo / nada

1 Son invariables. Funcionan como pronombres:

- *¿**Alguien** quiere decir **algo**?*
- *No, **nadie** quiere decir **nada**.*

Alguno, -a, -os, -as / ninguno, -a, -os, -as / uno, -a, -os, -as

1 Suelen funcionar como adjetivos o como pronombres:

- *¿Has visto **alguna vez** un huracán?*
- *Buenos días, ¿tienen habitaciones libres?*
- *Sí, creo que nos queda **alguna**.*

2 *Alguno* y *ninguno* pierden la -o delante de un nombre masculino singular:

- *¿Tenéis **algún problema**?*
- *No, **ninguno**. = No, no tenemos ningún problema.*

3 Los plurales *ningunos* - *ningunas* se utilizan muy poco, únicamente delante de sustantivos que solo poseen número plural:

- *Yo no he visto **ningunos pantalones** tuyos en mi armario.*

Todo, -a, -os, -as / mucho, -a, -os, -as / poco, -a, -os, -as / varios, -as / demasiado, -a, -os, -as / bastante, -es

1 Son cuantitativos propiamente dichos. Pueden funcionar como adjetivos, pronombres o adverbios y, según su papel, serán variables o invariables.

- *¿Tú crees que hay **bastantes sillas** para todos?*
- *Yo creo que sí. Antonio ha traído **muchas**.*
- *Vamos a dejar esto, por hoy ya hemos trabajado **bastante**.*

Cualquier(-a)

1 Puede ser pronombre o adjetivo. Cuando es adjetivo se usa delante de un nombre, masculino o femenino.

- ***Cualquiera** pensaría que no te interesa la conferencia.*
- *¿Qué te gustaría comer?*
- *Me da igual, **cualquier plato**, **cualquier cosa** estará bien.*

Cada

1 Se usa delante de un nombre singular:

- *Álvaro se levanta a las once **cada día**.*

2 Indica periodicidad delante de un adjetivo numeral + nombre plural:

- *Inés tiene que tomar el antibiótico **cada ocho horas**.*

1. Transform e las frases con *cada* + una de las expresiones.

cuatro años cuarto de hora quince días
dos o tres años momento seis horas

1. • *¿Esta revista es mensual?*
   • *No, es quincenal, me la mandan cada quince días.*
2. Jorge tiene anginas y el médico le ha dicho que se tome un antibiótico ______ ______
3. En mi país se celebran elecciones generales ______
4. • ¡Vaya!, hemos perdido el tren.
   • No te preocupes, pasa uno ______
5. No voy a terminar nunca este trabajo si me interrumpís a ______
6. • ¿Viajas mucho al extranjero?
   • Bueno, no mucho, suelo hacer un viajecito ______

Aciertos: .... de 5

2. Complete con *todo, -a, -os, -as / cada / cualquier, -a.*

1. *¿Te acordarás de tomar la medicina cada cuatro horas?*
2. • ¿Qué me pongo para salir hoy?
   • Lo que quieras, con ______ cosa irás bien.
3. En español hay un refrán que dice: «De noche, ______ los gatos son pardos», y otro que dice: «______ oveja, con su pareja».
4. Si no me crees, pregunta a ______ de los que estuvieron allí y te lo contarán.
5. A Julia le pasan dinero sus padres ______ los meses.
6. ¡Qué pesada! Se pasa ______ el día preguntándome lo mismo.
7. ______ sabe dónde se han metido ahora los niños.
8. No sabemos dónde ir de vacaciones. ______ los sitios están llenos.
9. Ya no sé qué pensar de este chico. ______ vez que le pregunto por sus padres me cuenta una historia diferente.
10. Mi mujer está muy harta de ese trabajo. ______ día lo deja.
11. Chico, ¿qué te pasa? ______ diría que te hemos hecho algo malo.
12. ¿Cómo vas a encontrar tus cosas, si las dejas en ______ sitio?
13. Yo creo que es mejor que ______ uno haga su parte del trabajo, ¿no?
14. Necesito un bolígrafo, tráeme uno ______
15. Si necesitas algo, llámame a ______ hora, ¿vale?
16. ¿Te has dado cuenta de que llevas un calcetín de ______ color?
17. Cuantos más seamos, menos nos esforzaremos ______ uno.
18. Eso es muy fácil, lo hace ______
19. El jefe no ha aparecido por aquí en ______ el día.
20. Cuando se trata de un trasplante, ______ minuto es vital para el enfermo.

Aciertos: .... de 20

3. Elija un elemento de cada recuadro para completar estas frases.

demasiado/-a/-os/-as bastante/-es poco/-a cualquier mucho/-os

lejos gente contaminación persona universidades buenas bebidas probable kilómetros camas ruido antiguo sillas

1. *No pudimos entrar al concierto porque había demasiada gente.*
2. Es mejor que toméis un taxi desde la estación del tren hasta aquí, porque está ____________ para venir andando.
3. Creo que ella podrá entrar en la universidad, porque sus notas son ____________.
4. Ve a buscar más, no hay ____________ para todos los que han venido.
5. Por favor, no traigas más zumos, ya hay ____________.
6. Todos los participantes acabaron agotados, porque habían corrido ____________.
7. • ¿Tú crees que México será campeón de fútbol?
   • Sí, es ____________.
8. No me gusta nada este sitio para descansar, hay ____________.
9. Si queréis, podéis venir a dormir a nuestra casa, tenemos ____________ para todos.
10. No me gusta nada este hotel, es ____________.
11. Mira qué limpio está el cielo, ahora hay ____________.
12. Siempre tienes la puerta abierta, ____________ puede entrar en tu casa.
13. En España hay ____________ buenas ____________.

Aciertos: .... de 13

4. Complete las frases con *nada / nadie / algo / alguien / algún, -o, -a, -os, -as / ningún, -o, -a, -os, -as / uno, -a, -os, -as.*

1. *¿Has tomado algo para desayunar?*
2. Aunque el accidente fue grave, no hubo __________ herido.
3. Volvió a su pueblo después de diez años y vio que no había cambiado __________
4. • Estoy seguro de que __________ de vosotros ha hablado.
   • Te equivocas, __________ de nosotros ha dicho una palabra de lo que nos contaste.
5. Salí a comprarle __________ a Nieves, pero no encontré __________ que me convenciera.
6. ¿Había __________ para mí en el buzón?
7. ¿__________ tiene __________ que declarar?
8. ¿Ha preguntado __________ por mí?
9. • ¿Tú no tenías varias linternas?
   • Sí, pero hoy no he traído __________
10. No quiero ver a __________ en este patio.
11. Me he olvidado los calcetines y en este cajón tienes muchos, ¿me prestas __________?
12. La policía preguntó a __________ gente qué había allí, pero __________ supo contestarle.
13. Voy a comprar, ¿quieres que te traiga __________ cosa?
14. • ¿Tienes monedas sueltas?
    • Sí, creo que me quedan __________ en el monedero.

15. De todos los presentes, solo ________ habían sido invitados.
16. • ¿Le queda ________ fascículo de la colección de pintura?
    • No, lo siento, no me queda ________
17. ________ de los presentes en el congreso venían de muy lejos.
18. Se me acaban de romper las medias, ¿tienes ________ de más?
19. ¿________ de los presentes quiere hacer ________ pregunta?
20. ¿Has aprendido ________ útil en el cursillo de cocina?
21. Yo creo que aquí no hay ________ niño con varicela.
22. • ¿Hay ________ novedad?
    • No, ________ .
23. He probado todas las llaves del llavero, pero ________ me sirve para abrir esta puerta.
24. No encuentro mi reloj por ________ parte. ¿________ lo ha visto?
25. • ¿Qué disco pongo?
    • Da igual. ________ cualquiera.
26. • ¿Tienes cigarrillos?
    • Sí, creo que me quedan ________

Aciertos: .... de 33

5. Escriba lo contrario.

1. *Todo el mundo está contento con su suerte.*
   Nadie está contento con su suerte.
2. Todos los alumnos entendieron la explicación.
   ____
3. Todos los chicos votaron que no.
   ____
4. Toda la gente del pueblo sabía que los niños se escondían en las cuevas.
   ____
5. Nadie estaba dispuesto a declarar en contra del acusado.
   ____
6. No vino nadie a la inauguración de la Feria del Libro.
   ____
7. Todas las mesas estaban ocupadas.
   ____
8. Todas las jugadoras esperaban ganar el partido.
   ____
9. Nadie quería contestar a las preguntas del inspector.
   ____

Aciertos: .... de 8

TEMA 4 TOTAL aciertos: .... de 79

Tema 5

U LAS ORACIONES FINALES

Las oraciones finales	
Para, con el objeto de, con el fin de, con la intención de	+ infinitivo
Para que, con el objeto de que, con el fin de que, con la intención de que	+ subjuntivo
¿Para qué, con qué fin, con qué intención...?	+ indicativo

Para, con el objeto de, con el fin de, con la intención de

1 En las oraciones finales, cuando el sujeto de los dos verbos es el mismo, se usa el infinitivo:

- *Paseo **para sentir** el aire fresco.*
  (yo) (yo)
- *Ana va al gimnasio **con el fin de estar** en forma.*
  (ella) (ella)

Para que, con el objeto de que, con el fin de que, con la intención de que

1 En las oraciones finales, cuando el sujeto es diferente, se usa el subjuntivo:

- *Ella se lo comentó a sus hermanas **para que** lo **supieran**.*
  (ella) (ellas)
- *Víctor ha hecho todo eso **con la intención de que** sus padres lo **perdonen**.*
  (él) (ellos)

Que

1 Las oraciones finales introducidas por *que* van con subjuntivo.
Son muy coloquiales y en la principal suele haber un imperativo:

- *Silvia, **ven que te dé** la merienda.*

La concordancia de tiempos

1 Si el verbo de la principal va en presente o pret. perfecto compuesto, el verbo de la subordinada irá en presente de subjuntivo:

- ***Ha llamado para que** le **des** tu número de teléfono.*

2 Si el verbo de la principal va en pasado (pret. imperfecto, pret. perfecto simple o pluscuamperfecto), el verbo de la subordinada irá en pret. imperfecto de subjuntivo:

- ***Volvió** a la tienda **para que** le **cambiaran** la cámara de fotos, pero no se la cambiaron.*

¿Para qué... ?

1 En las oraciones interrogativas se usa el indicativo:

- *¿**Para qué** utilizas este producto de limpieza?*
- *¿**Con qué intención** se lo **contaste** a tu compañero?*

1. Complete las frases con uno de los verbos.

fuéramos	haya	abandonar	preguntar	han construido
dé	pedir	volviera	haga	solicitar

1. *Tenemos que llamar a un carpintero para que nos haga una estantería en el pasillo.*
2. Se dirigieron a la embajada con el fin de ____________ asilo político.
3. El padre de Eugenia la convenció para que ____________ a estudiar.
4. Fueron a ver a un abogado con el objeto de ____________ consejo sobre la separación de bienes.
5. Pili, sal que te ____________ el aire.
6. • ¿Para qué ha llamado Julián?
   • Para ____________ por mi padre.
7. ¿Con qué fin ____________ ese muro?
8. Para que no ____________ más problemas, lo mejor es vender la casa.
9. A las doce nos llamó Óscar para que ____________ con él a tomar algo.
10. Necesitaba un pasaporte para ____________ el país legalmente.

Aciertos: .... de 9

2. Complete las frases con el verbo en la forma adecuada del indicativo o subjuntivo o bien en infinitivo. Añada la conjunción *que* donde sea necesario.

1. *Los ministros se han reunido con el fin de estudiar las medidas oportunas para fomentar el empleo. (estudiar, fomentar)*
2. Preguntó al profesor para ____________ le ____________ la solución. *(dar)*
3. Le prometimos ____________ su secreto a nadie. *(no contar)*
4. Se fue con el firme propósito de no ____________. *(volver)*
5. Ten cuidado, que no se te ____________ el agua del vaso. *(caer)*
6. Espero que me llames para ____________ cómo te va. *(saber)*
7. Tienes que comer para ____________. *(crecer)*
8. Hay que llamar al médico con el fin de ____________ la muerte. *(certificar)*
9. Pararon para que el chófer ____________ gasolina y ____________ el motor del *jeep*. *(poner, revisar)*
10. Hay quien vive solo para ____________. *(trabajar)*
11. Me asomé a la ventana y le hice una señal para ____________. *(acercarse, ella)*
12. Hay que darle tiempo para ____________ a la idea. *(acostumbrarse, él)*
13. Para que el dinero me ____________ me alojé en una casa particular. *(durar)*
14. Sus padres la enviaron a EEUU con el fin de ____________ una carrera científica. *(estudiar)*
15. Abrí la puerta del jardín para ____________ entrar los invitados. *(poder)*
16. • ¿Para qué te ____________ tres libros del mismo autor? *(comprar)*
    • Para ____________ le uno a mi hermana y otro a Javi. *(regalar)*
17. ¿Con qué fin ____________ el depósito del agua? *(vaciar, ellos)*

18. La mujer cogió de la mano al niño para que no __________ por la tienda. *(corretear)*
19. Te llamo para __________ lo que sabes del asunto. *(explicar a mí)*
20. Silencio, aquí hemos venido a __________, no a __________ de tonterías. *(trabajar, hablar)*

Aciertos: .... de 23

3. Forme una frase compuesta con estas dos frases. Utilice el conector entre paréntesis e introduzca los cambios necesarios.

1. *Ella tiene el teléfono en silencio. No molestarle nadie. (para que)*
   Ella tiene el teléfono en silencio para que nadie la moleste.
2. Dale dinero a Irene. Tiene que hacer la compra. *(para)*
   ____
3. Carolina toma un jarabe. Quiere dejar de toser. *(con la intención de)*
   ____
4. He llamado por teléfono. Quería informarme del horario de trenes. *(para)*
   ____
5. Le llamó la atención al niño. Tenía que callarse. *(con el fin de que)*
   ____
6. Mucha gente pasa las vacaciones en balnearios. Quieren descansar y recuperar la salud. *(con el fin de)*
   ____
7. Irá a trabajar en patinete. No quiere contaminar. *(con el objeto de)*
   ____
8. Toma esta foto. No quiero que te olvides de mí. *(para que)*
   ____
9. Baja la voz. Es mejor que no nos oigan. *(que)*
   ____
10. Fue al médico. El médico le dijo lo que le pasaba. *(para que)*
    ____
11. Te mandó un vídeo divertido. Ibas a reírte. *(para que)*
    ____
12. He comprado chocolate. Quiero hacer una tarta. *(para)*
    ____

Aciertos: .... de 11

TEMA 5 TOTAL **aciertos: ....** de 43

Tema 6

U LAS ORACIONES DE RELATIVO

Las oraciones de relativo		
(Antecedente) + (preposición) +	que el/la/los/las que quien/-es el/la/lo cual los/las cuales cuyo/-a/-os/-as donde	+ indicativo / subjuntivo

Uso

Que y otros conectores relativos

1 Las oraciones adjetivas de relativo están introducidas siempre por un conector relativo: *que, quien/-es, donde, cuando, el/la/lo cual, los/las cuales*. *Que* es el más usado, ya que puede referirse a antecedente de persona y de cosa, singular y plural:

- *Las mujeres* ***que acaban de llegar*** *son suecas.*
- *El libro* ***que compré*** *ayer está en la estantería.*

2 Cuando el antecedente (la persona, cosa o lugar al que se refiere el pronombre) es de persona, se puede usar *quien/-es o el/la/los/las que*, pero *quien* se usa en contextos un poco más formales, o en lengua escrita:

- *Es la mujer* ***con la que*** *vivo.*
- *Yo no soy* ***quien*** *está en posesión de la verdad.*

3 Las formas *el/la/lo cual, los/las cuales* se usan generalmente muy poco y siempre en contextos muy formales. Es obligatorio utilizarlas cuando van precedidas de una preposición bisílaba o una locución prepositiva:

- *Este es el árbol* ***debajo del cual*** *se ha hallado el tesoro.*

4 Si es necesaria una preposición, esta va siempre delante del pronombre relativo:

- *Hoy he vuelto a ver a los chicos* ***con los que*** *hablé ayer.*

Indicativo / subjuntivo

El verbo de la oración de relativo va en:

1 Indicativo
Cuando se dice del antecedente algo seguro, constatado:

- ***Los que están aquí son*** *socios.*

2 Subjuntivo
Cuando se dice del antecedente algo no bien definido o constatado:

- *Necesitan* ***gente que sepa*** *manejar Excel.*

Cuando negamos la existencia del antecedente o decimos que es escaso:

- *Hay* ***pocas personas que hagan*** *la paella como Rafael.*

Concordancia de tiempos verbales

1 Cuando el verbo de la oración principal está en pasado, el verbo de la oración de relativo, si requiere subjuntivo, irá en pret. imperfecto o pluscuamperfecto:

- *En el pueblo no encontraron* ***a nadie que hubiera visto*** *a los que buscaban.*

Cuyo/-a/-os/-as

1 Es un pronombre-adjetivo relativo apenas usado y solo en contextos muy formales. Equivale a *del cual / quien*, y concuerda en género y número con el nombre al que acompaña:

- *Habla* ***la profesora Ramírez, cuyas ideas*** *todos conocen.*

Lo

1 Cuando el antecedente no se refiere a una cosa identificable, sino a una situación o idea, se utiliza el artículo neutro *lo*:

- *¿Qué es* ***lo que*** *me* ***querías*** *decir?*

1. Subraye la forma adecuada.

1. *Ellos se encontraron con un pastor que les enseñó / enseñe a tocar la flauta.*
2. Vivíamos en una casa que en otros tiempos *había pertenecido / perteneciese* a los Domínguez.
3. Me gustaría ir de vacaciones a un país que no *es / fuera* muy turístico.
4. Él fue quien los *guio / guiaría* hasta el refugio.
5. No me gusta nada el abrigo que se *ha comprado / haya comprado* Anabel.
6. Tú haz exactamente lo que te *ha dicho / dijera* el médico esta mañana.
7. ¿Conoces algún bar donde *ponen / pongan* buenas tapas?
8. Lo siento, no tengo ningún libro que *habla / hable* de acupuntura.
9. Necesitamos un albañil que *trabaja / trabaje* bien y no *cobra / cobre* demasiado.
10. Era la primera vez que yo *veía / haya visto* el mar.
11. Yo no vi al hombre que *robó / robara* la cartera.
12. Quien *quiere / quiera* hablar que levante la mano.
13. Haz lo que tú *quieres / quieras*, yo me voy.
14. ¿Hay alguien que *sabe / sepa* dónde está Laura?
15. Los que *tienen / tengan* hijos están más preocupados por el futuro.
16. El que *necesita / necesite* algo que lo diga.
17. Aquí, el que *quiere / quiera* algo, lo pide y ya está.
18. Hacen falta especialistas que *enseñan / enseñen* a la gente a vivir ecológicamente.
19. No fue fácil encontrar a alguien que *reunía / reuniera* todas las condiciones.
20. Toma esto y ponlo donde no *pueden / puedan* alcanzarlo los niños.

Aciertos: .... de 20

2. Reescriba estas oraciones de relativo de otra manera, como en el modelo.

1. *En verano nos alojamos en un hotel que era muy caro.*
   El hotel en el que nos alojamos en verano era muy caro.
2. Pasamos por unos pueblos que eran preciosos.
   ....
3. Te llamé desde una playa que estaba completamente vacía.
   ....
4. Yo fui de joven a una escuela de *ballet* que ya no existe.
   ....
5. Volvimos en un avión que pertenecía a una compañía alemana.
   ....
6. Ayer te hablé de un chico en la biblioteca.
   ....
7. Trabajo para una empresa que fabrica electrodomésticos.
   ....
8. Juana está hablando con un hombre que es actor.
   ....
9. Fui a ver a un médico que ha estudiado acupuntura en Beijing.
   ....

Aciertos: .... de 8

Ejercicios

3. **Complete las frases con una preposición y un relativo de cada recuadro. Algunas veces hay más de una posibilidad.**

con / a / en / de / por

quien / el / la / los / las que / donde

1. *Rosa, a quien / a la que yo adoraba, iba sentada a mi lado.*
2. Allí conocieron a alguien ____________ también le impresionaba mucho la belleza del paisaje.
3. Aquel fue el año ____________ nació mi hermano Rafael.
4. Teresa es la chica ____________ te hablé la semana pasada.
5. El lugar ____________ nos encontrábamos parecía moverse.
6. La vieja escuela, ____________ habían pasado varias generaciones, seguía funcionando.
7. Al desandar los mismos pasillos ____________ acababa de pasar, sintió miedo.
8. Todas las personas ____________ tenía relaciones comerciales habían recibido cartas de las autoridades ____________ les solicitaban información.
9. La tarde ____________ nos encontramos por casualidad quise invitarla.
10. Escribió una carta ____________ explicaba las razones de su dimisión.
11. La Academia de Ciencias ________ trabajaba era una institución prestigiosa.
12. Algunos amigos, ____________ había estudiado, eludieron el compromiso.
13. La razón ____________ no te llamé es que no tenía tu teléfono.
14. El periodista ____________ hablamos nos hizo muchas preguntas indiscretas.
15. La policía, ____________ llamé, no me hizo mucho caso.

Aciertos: .... de 15

4. **Complete las frases con el verbo en la forma correcta del subjuntivo.**

1. *No hay ninguna universidad que te acepte con esa nota media.*
2. No conozco a nadie que ____________ como él. *(bailar)*
3. No tenía a nadie que le ____________ en casa. *(ayudar)*
4. Hay pocos que ____________ tanto como él sobre ese tema. *(saber)*
5. No hay muchos que ____________ dispuestos a hacer ese trabajo. *(estar)*
6. Había poca gente que ____________ qué estaba pasando. *(saber)*
7. Nunca he visto una tienda que ____________ tan bonita como esta. *(ser)*
8. Aquí no hay nadie que ____________ flamenco. *(bailar)*
9. En realidad, no hay nada que vosotros ____________ hacer. *(poder)*
10. Quien no ____________ de acuerdo que lo diga. *(estar)*
11. Salí a comprar, pero no vi nada que me ____________. *(gustar)*
12. ¿Conoces a alguien que ________________ un sofá? Quiero regalar el mío. *(necesitar)*

Aciertos: .... de 11

5. Complete las frases con *el / la / los / las / lo que*.

1. *Lo que ha ocurrido esta mañana no me sorprende.*
2. La policía todavía no ha detenido a ________ robaron el cuadro.
3. Recuerda siempre ________ te he dicho, hija mía.
4. ________ me preocupa es tu hermana, no tú.
5. ________ me preocupa es qué pasará cuando nos quedemos sin trabajo.
6. ________ van detrás del todo son Victoria y Natalia.
7. ________ no esté de acuerdo que proteste.
8. ________ tienes que hacer es llamarle ya.
9. ________ vemos en la tele es, casi siempre, ficción.
10. ________ sepan francés que lo lean en versión original.
11. A ________ tienes que llamar es a María Luisa.
12. ________ pasaban por allí se quedaban mirando asombrados.
13. ________ pasa es que hay demasiada demanda.
14. Yo ________ quería era ser actor.

Aciertos: .... de 13

6. Escriba el verbo en el tiempo adecuado de indicativo o subjuntivo.

1. *La que lleva el vestido rojo es Carmen. (llevar)*
2. Tú solo debes dejar entrar a los que ____________ socios. *(ser)*
3. El que ____________ que salga. *(tener prisa)*
4. Los que ____________ más tiempo que lo digan. *(necesitar)*
5. Los pocos turistas que ____________ hasta allí se iban sin ver nada. *(llegar)*
6. Si vas a ese pueblo, no te creas nada de lo que allí te ____________ *(decir)*
7. Los que ____________ a la excursión contaron maravillas de lo que habían visto. *(ir)*
8. Estaban esperando a la doctora que ____________ a su madre el lunes anterior. *(operar)*
9. Están esperando a alguien que les ____________ por qué se ha producido la avería. *(explicar)*
10. No debes creer nada de lo que normalmente ____________ las revistas del corazón. *(decir)*
11. Me he comprado el libro que me ____________ el tío Ramón. *(recomendar)*
12. Tenemos que visitar muchas viviendas, no vamos a comprar la primera casa que ____________ *(ver)*
13. Yo voy a hacerlo, lo que ____________ después la gente no es problema mío. *(decir)*
14. En esa empresa faltan técnicos que ____________ mucha informática. *(saber)*
15. Las personas que ________ demasiado el móvil pueden volverse adictas. *(utilizar)*
16. Este es el coche del que te ____________, pero tú elige el que más te ____________ *(hablar, gustar)*

Aciertos: .... de 16

TEMA 6 TOTAL aciertos: .... de 83

Tema 7

LAS PREPOSICIONES

Las preposiciones

a para por de en con

El régimen preposicional

A: ir a, acostumbrarse a, dedicarse a, negarse a, etc.
Con: chocar con, comparar con, entrevistarse con, soñar con, etc.
De: asustarse de , adueñarse de, alejarse de, carecer de, escaparse de, fiarse de, enamorarse de, etc.
En: confiar en, convertirse en, empeñarse en, pensar en, etc.

Las locuciones preposicionales

perder de vista — sacar de quicio — hablar por los codos
estar para el arrastre — dormir a pierna suelta — llorar a lágrima viva
llover a cántaros — estar en las nubes — caer en desgracia — estar por las nubes

Uso

A

1 Se usa la preposición *a* delante del objeto indirecto y del objeto directo cuando se refiere a personas concretas y determinadas:

- *Dale estos libros* ***a la bibliotecaria****.* (OI)
- *Esta mañana he visto* ***a mi jefe*** *en el autobús.* (OD)
- *¿Has visto* ***al jardinero****?* (OD)

2 Su uso es opcional cuando el objeto directo se refiere a animales. En general, se usa con verbos que indican actividades propias de seres animados, como *alimentar, pasear, querer, saludar*, etc.

- *¿Estás criando* ***(a) diez perros*** *a la vez?*

Para

1 Se usa para expresar finalidad, dirección o lugar al que se dirige alguien o algo, así como tiempo:

- *Estas gafas son* ***para ver*** *de cerca.*
- *Este tren no va* ***para Granada****.*
- *¿****Para cuándo*** *tendrán las fotografías?*
- ***Para dentro de*** *una hora.*

2 Se usa seguida de un nombre propio de persona o pronombre personal y equivale a «en mi / tu / su opinión»:

- ***Para él****, todo el mundo es bueno.*

Por

1 Se usa para expresar principalmente causa, medio para un fin, lugar, precio:

- *No hace más deporte* ***por pereza****.*
- *Mándame el informe* ***por correo electrónico****.*
- ***Por aquí*** *no llegará a ningún sitio.*
- *Ha conseguido un cuadro de Barceló* ***por 900.000 euros****.*

2 Se usa en las oraciones pasivas para introducir al agente:

- *La obra ha sido muy bien acogida* ***por la crítica****.*

3 Se usa seguida de un nombre propio de persona o pronombre personal, para expresar indiferencia:

- ***Por mí****, podéis quedaros aquí trabajando hasta mañana, yo me voy.* *(=A mí me da igual si os quedáis o no).*

Ejercicios

1. Complete las frases con la preposición *a* (o *al*) solo si es necesario.

1. *¿Le has pagado ya el alquiler* al *propietario?*
2. Por más que buscamos, no vimos ______ la ardilla por ningún lado.
3. No veas ______ la televisión desde tan cerca.
4. El sábado pasado, un perro mordió ______ mi hijo.
5. ¿Desde cuándo no has visto ______ Elena?
6. El vecino no le abre la puerta ______ cartero.
7. Tenemos que reunir ______ todos los propietarios de la comunidad.
8. Estoy buscando ______ un electricista que me cambie la instalación eléctrica.
9. ¿Estás buscando ______ la guía telefónica?
10. Beatriz tiene ______ tres hijos.
11. ¿Conoces ______ mi amiga Lucía?
12. ¿Conoces ______ alguna ciudad española?
13. ¿Has encontrado ______ el mueble que buscabas?
14. Luis, ¡escucha ______ el concierto, no hables!
15. ¿______ quién esperas?
16. ¿______ quién has visto?
17. ¿Has llamado ______ alguien?
18. ¿Para qué necesitas ______ un pintor?
19. Mamá, mira ______ Pedrito, no me deja estudiar.
20. ¿Has oído ______ la radio?, ha habido una explosión aquí cerca.
21. El otro día encontré ______ un gatito abandonado y me lo llevé a casa.
22. Hoy el fiscal ha interrogado ______ los tres testigos de la defensa.
23. Irene, ¿no has oído ______ tu madre? ¡Deja eso y ponte a trabajar!

Aciertos: .... de 22

2. Complete las frases con una de estas preposiciones: *en / de / a / con*.

1. *Aunque te empeñes* en *que venga, no vendrá.*
2. ¿Todavía no te has convencido ______ que es mejor no discutir?
3. ¿Cuándo vas ______ cambiarte ______ piso?
4. El ladrón se escapó ______ la cárcel con la ayuda ______ un funcionario.
5. Pues sí, ahora me relaciono ______ gente importante.
6. El ministro de Asuntos Exteriores se entrevistó ______ su homólogo francés.
7. ¡Tú ocúpate ______ tus asuntos y déjame ______ paz!
8. ______ las lluvias, los almacenes se llenaron ______ agua.
9. Aunque ya está bien, todavía no se atreve ______ salir ______ la calle.
10. La acusada se negó ______ contestar.
11. Aspira ______ convertirse ______ el campeón ______ España ______ atletismo.
12. Fuimos ______ felicitar ______ Cristina por su brillante actuación.
13. Esa mansión pertenece ______ una ______ las mujeres más ricas ______ país.
14. No tenemos que compararnos ______ los demás.

15. No puedes comparar este restaurante ______ el otro.
16. El coche se salió ______ la carretera y chocó ______ un árbol.
17. Lo mejor es romper ______ el pasado y empezar ______ nuevo.
18. No te asustes ______ el perro, no hace nada.
19. Es mejor que te alejes ______ él.
20. Uno ______ los socios se adueñó ______ toda la empresa ______ poco tiempo.
21. Mi mujer se ocupa ______ las cuentas ______ toda la comunidad.
22. Están muy mal, carecen ______ lo más elemental.
23. Sueña ______ convertirse ______ una gran escritora.
24. ¿Es que no confías ______ mí?
25. Fernando se ha unido ______ un grupo de músicos.
26. No se acostumbra ______ vivir solo.
27. ¿Quién cuida ______ tu bebé?
28. ¿No te fías ______ mí?
29. Sus hijos también se dedican ______ el cante.

Aciertos: .... de 45

3. Elija la preposición correcta.

1. *Este jarabe es muy bueno por / para la tos.*
2. Ven por / para acá.
3. Te he dicho mil veces que atravieses la calle por / para el paso de peatones.
4. Margarita y José Luis están preocupados por / para los gastos de la casa.
5. Se han comprado una casa en el pueblo por / para poco dinero.
6. He quedado con ella por / para ver muebles.
7. Vino por / para estar una semana y se quedó un mes.
8. Necesito una habitación por / para tres personas.
9. Es un orgulloso, nos mira a todos por / para encima del hombro.
10. No lo hago por / para dinero, sino por / para amor al arte.
11. Murieron por / para defender sus ideas.
12. No te preocupes, lo tendré preparado por / para mañana.
13. Mi padre era muy apreciado por / para sus compañeros de trabajo.
14. Esta niña es muy alta por / para la edad que tiene, ¿no?
15. Por / Para ser sinceros, te diré que me parece fatal lo que ha hecho.
16. Cuando llegamos al apartamento, estaban todas sus cosas por / para el suelo.
17. ¡Qué barato! Nos han cobrado poco por / para estas dos cervezas.
18. Vale, iré a hablar con él. Que conste que lo hago por / para ti.
19. Toma, esto es por / para ti.
20. Por / Para mí, puedes hacer lo que quieras.
21. Por / Para mí, que no quieren venir porque están enfadados.
22. Adiós, y gracias por / para todo.
23. Por / Para una vez que vienes a mi casa, podrías quedarte más rato.
24 Por / Para última vez te lo digo: ven aquí.
25. Esta crema es mejor por / para su piel.
26. He oído por / para la radio que va a subir otra vez la gasolina.

27. No me lo mandes *por / para* correo, mándamelo *por / para* WhatsApp.
28. No hemos podido salir *por / para* la avería del coche.
29. No mires *por / para* allá, mira *por / para* acá.

Aciertos: .... de 31

4. Complete las frases con estas expresiones.

a cántaros   de quicio   para el arrastre   por los codos   **de vista**
a pierna suelta   en las nubes   en desgracia   a lágrima viva

1. *Estoy harta de ti, no sabes las ganas que tengo de perderte de vista.*
2. No pudieron salir a buscar a los marineros porque estaba lloviendo __________.
3. No sé qué me pasa con este niño, pero continuamente me pone nervioso y me saca __________.
4. ¿Que Julia es tímida? ¡Qué va!, cuando la conozcas, verás que habla __________.
5. Sí, este profesor es muy despistado, está siempre __________.
6. Parece que el director general ha caído __________. Lo van a trasladar a una sucursal pequeña, con menos categoría.
7. Estoy cansadísima, no puedo más, estoy __________.
8. Es increíble, a pesar del jaleo que había, Sara se acostó y consiguió dormir __________.
9. Con este drama, toda la gente llora __________.

Aciertos: .... de 8

5. Complete las frases con la preposición más adecuada.

1. *La niña contemplaba la lluvia por la ventanilla.*
2. _____ el trabajo, llamé _____ teléfono _____ la Cámara _____ Comercio y pregunté _____ la directora.
3. Encontraron _____ anciano _____ la cocina, frente _____ un televisor, _____ la camisa desabrochada.
4. ¿Tienes algún libro escrito _____ Miguel Delibes?
5. No se han marchado todavía de la fiesta _____ cumpleaños _____ los niños.
6. Ten paciencia, ya no tardaremos _____ llegar.
7. Todavía quedan varios pisos _____ vender.
8. La directora se reunió _____ los consejeros _____ estudiar la situación económica _____ la empresa.
9. Hizo todas las tareas _____ la casa _____ tres horas.
10. ¿_____ qué sueñas?
11. Los traductores cobran _____ número de palabras.
12. • ¿_____ qué aspiras?
    • ¿Yo?, pues _____ tener un trabajo interesante.

13. Desde que salió ___ su casa ___ los 18 años, no ha vuelto ___ ver ___ sus padres.
14. Cambió la moto _____ un ordenador.
15. Renunció _____ un puesto _____ el extranjero _____ quedarse _____ su familia.
16. Se quedó _____ habla _____ causa _____ la sorpresa.
17. Aquí lo venden todo _____ 3 euros.
18. _____ la entrada _____ pueblo hay un monumento _____ la paz.
19. Yo hago ese trayecto _____ 10 minutos.
20. Lo siento _____ ti, pero no podré dejarte mi coche.
21. ¿_____ cuantos kilómetros está Madrid _____ Sevilla?
22. Ellos vivían _____ pocos kilómetros del centro.
23. No debes fiarte _____ lo que diga María.
24. El sueldo no me llega ni _____ mitad _____ mes.
25. Todos los días llega _____ su casa _____ madrugada.
26. Se fue _____ Córdoba, pero _____ los pocos meses volvió.
27. _____ toda la tripulación, solo se salvaron cinco marineros.
28. Vale, podemos pintarle el dormitorio mañana _____ la tarde.
29. ¿Conoces _____ chico aquel _____ los pantalones vaqueros?
30. El gato salió _____ debajo _____ la puerta.

Aciertos: .... **de 57**

6. Escriba las preposiciones.

1. *Buenos días, ¿en qué puedo servirles?*
2. ¿________ dónde me llamas?
3. ¿________ quién van a entrevistar esta noche en la televisión?
4. ¿________ quién son estas flores?
5. ¿________ cuánto tiempo te vas al extranjero?
6. ¿________ cuándo me tendrán arreglado el ordenador?
7. ¿________ cuánto has vendido al final la moto?
8. ¿________ quién le ha pagado usted el recibo?
9. ¿________ dónde se va a Pamplona?
10. ¿________ quién se va a reunir?
11. ¿________ cuántas personas es este plato?
12. ¿________ quién está enfadado Nacho?
13. ¿________ quién has chocado?
14. ¿________ qué ministerio depende tu departamento?
15. ¿________ qué partido político pertenece la presidenta?
16. ¿________ quién saludabas?
17. ¿________ quién te despedías?
18. ¿________ quién le has pedido prestado el abrigo?
19. ¿________ qué sirve esto?

Aciertos: **de18**

TEMA 7 TOTAL aciertos: .... **de 181**

Tema 8

U LOS VERBOS DE CAMBIO

Los verbos de cambio	
Volverse / quedarse / ponerse	+ adjetivo
Hacerse / llegar a ser	+ adjetivo / nombre
Convertirse en	+ nombre

En español se puede expresar «cambio» con diferentes verbos:

Volverse

1 Indica una transformación profunda e involuntaria en el carácter o en la actitud. Suele ser un cambio a algo negativo.

- *Alfredo antes era muy simpático, pero de un tiempo a esta parte **se ha vuelto desagradable.***

Quedarse

1 Indica un cambio permanente después de un hecho:

- *A consecuencia del accidente, Juan **se quedó ciego**.*

Ponerse

1 Indica un cambio en la salud o en el estado de ánimo más o menos momentáneo. Suele ser involuntario:

- *Federico, cada vez que se cruza con una chica que le gusta, **se pone rojo**.*

Hacerse

1 Indica un cambio de ideología, religión, profesión, etc., con participación activa del sujeto:

- *Después de un viaje a la India, **se hizo budista**.*

Llegar a ser

1 Indica un cambio a mejor, dentro de una escala que va de abajo hacia arriba:

- *Gerardo empezó de botones y **llegó a ser director** del hotel.*

Convertirse en

1 Indica una transformación un tanto radical. Se utiliza con sustantivos:

- *De la noche a la mañana, Andrea **se convirtió en una actriz** famosa en todo el mundo.*

1. Escriba el verbo más adecuado.

volverse quedarse **ponerse** hacerse
llegar a ser convertir(se)

ponerse	*nervioso/-a* *contento/-a* *enfermo/-a*	________	ministro/-a catedrático/-a una referencia
________	viudo/-a mudo/-a solo/-a	________	egoísta desconfiado/-a miedoso/-a
________	rico/-a católico/-a soldado	________	en oro en vino en el héroe / la heroína

Aciertos: .... de 5

2. Complete las frases con uno de los verbos anteriores en el tiempo adecuado.

1. *Desde que le robaron, se ha vuelto muy desconfiado.*
2. En invierno ________ de noche muy pronto.
3. Mi abuelo ________ millonario vendiendo zapatos.
4. Mis alumnos ________ muy contentos cuando les dije que no haríamos ningún examen.
5. Antes no era así, pero desde que tuvo aquel problema, ________ poco sociable.
6. Al final de la tarde, los niños ________ muy pesados y no hay quien los aguante.
7. Cuando le dieron la mala noticia, ________ sin palabras.
8. Su mayor deseo era que su hija ________ médica.
9. La mayoría de los hombres ________ calvos a los 40 años.
10. Tenía un perro que de viejo ________ muy miedoso.
11. Era creyente, pero ________ agnóstica en su madurez.
12. Esa profesora tiene muy buen carácter, aunque los niños griten, no ________ nerviosa nunca.
13. Fernando Castaño ________ famoso después de aquella película en la que trabajaba de galán.
14. Mis sobrinos ________ locos de contento cuando les dijimos que nos íbamos a la feria.
15. ¡Qué triste ________ este niño!

16. Debido a su enfermedad, Álvaro no pudo ______________ embajador de su país.
17. ¿Sabes? Carmen y yo ______________ socios del club de golf, para poder jugar todos los fines de semana.
18. Si sigues mirando directamente al sol, ______________ ciego.
19. Cuentan que todo lo que tocaba el rey Midas ______________ en oro.
20. Pero, hombre, di algo. ¿Te ______________ mudo?

Aciertos: .... de 19

3. Busque qué significan estas expresiones y piense una situación para cada una.

1. *Ponerse morado: comer muchísimo*
   Por ejemplo, en la celebración de un cumpleaños.
2. Ponerse blanco como la pared: ______________
3. Quedarse en blanco: ______________
4. Quedarse sin blanca: ______________
5. Ponerse rojo: ______________
6. Quedarse en los huesos: ______________
7. Quedarse de piedra: ______________
8. Hacerse el loco: ______________
9. Volverse loco: ______________
10. Ponerse loco: ______________
11. Llegar a ser alguien en la vida: ______________
12. Volverse cascarrabias: ______________
13. Hacerse mayor: ______________
14. Hacerse de noche ______________

Aciertos: .... de 13

TEMA 8 TOTAL aciertos: .... de 37

Tema 9

U EXPRESAR SENTIMIENTOS Y DESEOS

Los verbos de sentimiento, deseo y necesidad		
• *Alegrarse (de)* • *Gustar* • *Querer*	• *Importar* • *Necesitar* • *Esperar*	+ infinitivo (mismo sujeto) + *que* + subjuntivo (distinto sujeto)

Los buenos deseos
¡*Que* + subjuntivo!

Las oraciones que dependen de verbos que expresan sentimientos, deseos y necesidades pueden llevar el verbo en infinitivo o subjuntivo:

Infinitivo

1 Cuando el sujeto (sea lógico o gramatical) de los dos verbos es el mismo:

- *Juan, ¿**te importa traerme** un vaso de agua?*
  (tú) (tú)
- *Ellos **no necesitan trabajar** para vivir.*
  (ellos) (ellos)

Subjuntivo

1 Cuando el sujeto de los dos verbos no es el mismo:

- ***Quiero que** hoy **vuelvas** pronto.*
  (yo) (tú)
- ***Esperaba que vinieras** a buscarme.*
  (yo) (tú)

Concordancia de tiempos verbales

1 Si la oración principal va en tiempo pasado o condicional, la oración subordinada irá en pret. imperfecto de subjuntivo:

- ***A ella no le gustó que yo llegara** tarde el sábado pasado.*
- *¿**A ti te gustaría que tu mujer fuera** famosa?*

Buenos deseos

1 Se utiliza *que* + subjuntivo en una frase exclamativa para desear a alguien un buen viaje, unas buenas vacaciones o que disfrute de una fiesta. *Que* no lleva nunca tilde, porque es una conjunción.

- *¡**Que tengas** buen viaje!*
- *¡**Que** lo **pases** bien!*
- *¡**Que disfrutes**!*
- *¡**Que** te **vaya** bien!*

Felicitar a alguien por su cumpleaños.

- *¡Felicidades! ¡**Que cumplas** muchos más!*

Desear a alguien enfermo una pronta recuperación.

- *¡**Que** te **mejores**!*

Desear a alguien suerte para un examen.

- *¡**Que tengas** suerte!*

Dar las buenas noches.

- *¡**Que tengas** felices sueños!*

Felicitar a alguien por su boda.

- *¡**Enhorabuena**! ¡**Que seáis** muy felices!*

1. Complete las frases con estos elementos.

Perdona · Quieres · Esperaba · Se alegró de · No necesito · Lamento mucho · Le dolió mucho · Me he alegrado

1. *Lamento mucho comunicarle que su solicitud no ha sido admitida.*
2. ______________ que no te haya llamado antes.
3. ______________ que vinieras a mi fiesta.
4. ¿______________ estropearme la cena, o qué?
5. ______________ tener que vender la casa.
6. ______________ que la llamaras en Navidad.
7. ______________ que me des consejos.
8. ______________ de recibir tu carta.

Aciertos: .... de 7

2. Transforme la frase como en el modelo.

1. *Espero que no te olvides de mí.*
   Esperaba que no te olvidaras de mí.
2. Necesito que me digan la verdad.
   ____
3. Desean que te mejores.
   ____
4. Ellos esperan que vayamos a verlos.
   ____
5. Necesitamos que nos den la respuesta cuanto antes.
   ____
6. Esperamos que nos aviséis si hay alguna novedad.
   ____
7. Ellos quieren que yo trabaje incluso sábados y domingos.
   ____
8. No necesito que tú me defiendas.
   ____
9. Quieren que vayamos de vacaciones con ellos.
   ____
10. Espero que me escribáis desde Tokio.
   ____

Aciertos: .... de 9

3. Subraye la forma adecuada.

1. *Le molestó mucho que le cuente / contara a sus amigos lo de su separación.*
2. Me fastidia *tenga / tener* que madrugar para esa tontería.
3. Me extraña que no *llegar / haya llegado* todavía.
4. No nos importaría que *vengan / vinieran* a vivir con nosotros.
5. Le fastidió bastante que no le *hicieron / hicieran* caso cuando se quejó.
6. ¿No te alegras de que te *ascienden / hayan ascendido*?
7. A la nueva alumna le encantaba *esquíe / esquiar*.
8. ¿No le gustaría *hiciera / hacer* un viajecito por todo el mundo?
9. No importa que *parezca / parecerían* tan segura, es solo una niña.
10. Me alegro de que *hayas conseguido / conseguir* esa beca.
11. Me dolió mucho que no me *hayas llamado / llamaras* cuando murió tu padre.
12. No le importaba que él no le *dijera / decir* la verdad casi nunca.
13. Ya sé que no te gusta que te *hablar / hable* de esto.

Aciertos: .... de 12

4. Escriba el verbo en la forma correcta.

1. *¿Te importa dejarnos solos un momento? (dejar)*
2. De pequeños nos gustaba que el abuelo nos ____________ cuentos. *(contar)*
3. A ese no le importaría ____________ cualquier cosa con tal de ganar dinero. *(hacer)*
4. Me encantaría que me ____________ un anillo parecido. *(regalar, ellos)*
5. A mi hermano pequeño le gustaría ____________ marinero. *(ser)*
6. Ella le deseó que ____________ un buen viaje y que se lo ____________ muy bien en la playa. *(tener, pasar)*
7. Me alegro de que Gonzalo, el domingo pasado, no me ____________ mi opinión. *(pedir)*
8. El comandante no quería ____________ su brazo a torcer. *(dar)*
9. Os deseamos que ____________ unas felices fiestas. *(pasar)*
10. No necesitamos que nos ____________, sabemos ir solos. *(acompañar, tú)*
11. Me molestó enormemente que ____________ tan antipático. *(ser)*
12. Nunca esperé ____________ hasta donde he llegado. *(llegar)*
13. ¿Quieres que te ____________ una cosa? Me encanta ____________te. *(decir, ver)*
14. ¿Qué quieres que yo ____________? *(hacer)*
15. ¿Necesitas que te ____________? *(ayudar)*
16. A Eva le extrañó ____________la en casa de sus amigos. *(encontrar)*
17. ¿Te apetece que ____________ a dar una vuelta? *(salir, nosotros)*
18. A mí me extrañó que ____________ en casa de sus padres. *(estar, ella)*
19. No nos gustó nada que ____________ tan tarde a la reunión. *(llegar, vosotros)*
20. Quisiera que ____________ que no estamos de acuerdo contigo. *(comprender, tú)*

Aciertos: .... de 21

Ejercicios

5. Escriba alguno de estos verbos y el pronombre correspondiente en la oración principal. En cada caso hay varias respuestas posibles.

querer **desear** gustar extrañarse molestar
apetecer esperar necesitar alegrarse

1. *Te deseo que pases un feliz cumpleaños.*
2. ________ que salgas todas las noches.
3. ________ que me llamaras para ir al cine contigo.
4. ________ mucho de que hayas conseguido ese premio.
5. ¿ ________ tomar algo?
6. ________ recibir tu mensaje desde Mallorca.
7. ________ que algunos conductores no tengan en cuenta al resto del mundo.
8. ________ que tengas suerte.
9. ________ que tratara a la gente tan mal.
10. ________ reconciliarse contigo.

Aciertos: .... de 9

6. Escriba la fórmula adecuada a cada una de estas situaciones. Puede haber varias.

1. *Unos amigos se van de viaje.* *Espero que tengáis un buen viaje.*
2. Usted llega tarde a una reunión. Pida disculpas y dé una justificación a su tardanza.
   ____
   ____
3. Ha ido a ver a un amigo enfermo. ¿Qué le dice al despedirse?
   ____
   ____
4. Alguien le dice que al día siguiente tiene un examen o una entrevista bastante importante. ¿Qué le desea usted?
   ____
   ____
5. La misma persona le comunica que ha aprobado el examen o que ha conseguido el trabajo.
   ____
   ____
6. Tiene unos vecinos muy ruidosos, que están celebrando una fiesta el domingo por la noche. Pídales educadamente que dejen de hacer ruido.
   ____
   ____
7. Es el cumpleaños de alguien. Además de desearle felicidad, ¿cómo le desearía una larga vida?
   ____
   ____

Aciertos: .... de 6

7. Complete los siguientes correos para expresar deseos, disculpas, etc.

1.

Para: ....
Cc: ....

Querido amigo:
¿Qué tal estás? Yo estoy bien. Me alegré mucho de ________ tu carta el verano pasado. Perdona que no te ____ antes, pero es que ________.
Eva

2.

Para: ....
Cc: ....

Muy señores míos:
He visto un anuncio en su página web de unos cursos de masaje, que me interesan mucho. Les agradecería mucho que ______ toda la información posible: el precio, la duración, los horarios, etc.

3.

Para: ....
Cc: ....

Querida Marta:
He recibido tu invitación de boda. Te agradezco mucho que ________, pero no voy a poder asistir, porque ________
Emilio

4.

Para: ....
Cc: ....

Quisiera ________ una habitación en su hotel para la segunda quincena de julio.

5.

Para: ....
Cc: ....

Sr. director:
Somos un grupo de vecinos que estamos soportando muchas molestias por vivir en un barrio que está de moda para salir por las noches. Por esto queremos quejarnos de varias cosas. Primero, estamos hartos de ________

Aciertos: .... de 5

TEMA 9 TOTAL aciertos: .... de 69

Tema 10

U LAS ORACIONES CONDICIONALES

Las oraciones condicionales

Las oraciones condicionales con *si*	
Oración subordinada	Oración principal
• Presente de indicativo	Presente / futuro / imperativo
• Pret. imperfecto subjuntivo	Condicional
• Pret. pluscuamperfecto subjuntivo	Plusc. subjuntivo / condicional compuesto
• Pret. pluscuamperfecto subjuntivo	Condicional simple

Formación del pretérito pluscuamperfecto (subjuntivo)	Pretérito imperfecto de *haber* (subjuntivo) + Participio pasado

Pretérito imperfecto de *haber* (subjuntivo)		Participio pasado
(yo)	hubiera	*hablado / bebido / escrito*
(tú)	hubieras	
(él/ella/usted)	hubiera	
(nosotros/-as)	hubiéramos	
(vosotros/-as)	hubierais	
(ellos/ellas/ustedes)	hubieran	

Formación del condicional compuesto	Condicional simple de *haber* + Participio pasado

Condicional simple de *haber* (subjuntivo)		Participio pasado
(yo)	habría	*hablado / bebido / escrito*
(tú)	habrías	
(él/ella/usted)	habría	
(nosotros/-as)	habríamos	
(vosotros/-as)	habríais	
(ellos/ellas/ustedes)	habrían	

Uso

Si

Las oraciones condicionales introducidas por *si* expresan:

1 Condición posible de cumplir:

Si + presente, presente
- *Si **podemos**, **vamos** al cine.*

Si + presente, futuro
- *Si **vienes** a mi casa, **te invitaré** a café.*

Si + presente, imperativo
- *Si **tienes** tiempo, **ven** a mi casa.*

2 Condición poco probable o imposible:

Si + imperfecto de subjuntivo, condicional
- *Si **tuviera** tiempo, **iría** a tu casa.*

3 Condición que no se cumplió en el pasado:

Si + pluscuamperfecto de subjuntivo, pluscuamperfecto de subjuntivo / condicional compuesto
- *Si **hubiera tenido tiempo, hubiera ido / habría ido** a tu casa.*

4 Condición que no se cumplió en el pasado, con repercusión en el presente:

Si + pluscuamperfecto de subjuntivo, condicional simple
- *Si **hubiera ahorrado** lo suficiente, no **tendría** que pedir un préstamo.*

Las oraciones introducidas por cualquier otro nexo siempre van en subjuntivo.

A no ser que, en caso de que

1 No expresan una condición tan fuerte como *con tal de que, siempre que, siempre y cuando y como*:

- *Puedes venir el fin de semana con nosotros, **a no ser que** no **tengas** coche.*
- ***En caso de que** me **necesites**, llámame.*

Con tal de que, siempre que, siempre y cuando

1 Expresan que el cumplimiento de la condición es indispensable para que se realice la acción principal:

- ***Con tal de que hagas** tus deberes, te dejo salir con tus amigos.*
- *Puedes venir **siempre que quieras**.*
- *Te prestaré mi coche **siempre y cuando** me lo **devuelvas** antes del lunes.*

Como

1 Las oraciones que llevan *como* tienen un matiz de advertencia, amenaza:

- ***Como** no **vengas** a mi boda, me enfadaré contigo.*

1. Complete estas conjugaciones.

	Pretérito pluscuamperfecto subjuntivo	Condicional compuesto
1. *Tener*	*hubieras tenido*	*habrías tenido*
2. Escribir	______	______
3. Abrir	______	______
4. Venir	______	______
5. Saber	______	______
6. Estudiar	______	______
7. Leer	______	______
8. Dormir	______	______
9. Poner	______	______

Aciertos: .... de 16

2. Relacione.

1. *Si lo hubiera sabido* → a. *no habría venido.*
2. Si hubieras visto la película
3. Si hubiera estado en casa
4. Si hubieras venido antes
5. Si hubiera tenido dinero
6. Si hubiera recibido tu correo
7. Si hubiéramos salido antes

a. *no habría venido.*
b. habría cogido el teléfono.
c. te habría contestado ya.
d. te habría gustado.
e. no habríamos perdido el tren.
f. habrías visto a Lolita.
g. me lo hubiera comprado.

Aciertos: .... de 6

3. Responda a estas suposiciones.

¿Qué hubiera pasado si...

1. *... hubieras nacido en Filipinas?*
   Si yo hubiera nacido en Filipinas, ahora hablaría su lengua.
2. ... tus padres hubieran sido millonarios?
   ______
3. ... hubieras nacido en el s. xv?
   ______
4. ... no hubieras conocido a tu pareja?
   ______
5. ... no hubieras empezado a estudiar español con tres años?
   ______
6. ... te hubieras convertido en una artista famosa?
   ______

Aciertos: .... de 5

4. Subraye la forma adecuada.

1. *Si Carlos hubiera corrido, no perdería / habría perdido el autobús.*
2. Si hubiera tenido tiempo, te llamaría / habría llamado por teléfono.
3. Yo hubiera ido a verlo también si hubiera sabido / sabría que era tan interesante.

4. No *estarías / hubieras estado* tan mal si hubieras ido al médico.
5. Si me *hubieras llamado / habrías llamado* por teléfono, hubiera ido a buscarte al aeropuerto.
6. Lo conozco muy bien, si él *fuera / sería* culpable, yo lo notaría.
7. Si *sabría / hubiera sabido* que aquí llovía tanto, me habría traído el paraguas.

Aciertos: .... de 6

5. Forme frases condicionales siguiendo el modelo.

1. *Los generales no han aceptado las condiciones y por eso la guerra todavía no ha terminado.*
   Si los generales hubieran aceptado las condiciones, la guerra ya habría terminado.
2. Has suspendido tres asignaturas y te has pasado todo el verano jugando con tus amigos.
   ____
3. No hemos traído el coche porque aquí siempre hay problemas de aparcamiento.
   ____
4. Se me han secado las plantas porque no las riego bastante.
   ____
5. Nosotros llegamos tarde a todas partes porque tardamos mucho en arreglarnos.
   ____
6. Nos hemos perdido porque no compramos un mapa, como yo te dije.
   ____
7. No le he dicho nada a Mayte porque no la he visto.
   ____

Aciertos: .... de 6

6. Complete con el verbo en el tiempo adecuado.

1. *En caso de que tenga algún problema, llámeme. (tener)*
2. Si __________ aquí, te ponen una multa. *(aparcar)*
3. Dijo que vendría el domingo sin falta, a no ser que le __________ algún imprevisto. *(surgir)*
4. Con tal de que no __________ mucho ruido, podéis poneros una serie, escuchar música o lo que queráis. *(hacer)*
5. Le dijeron que, si no __________ pagar el alquiler, tenía que dejar el piso. *(poder)*
6. Puedes quedarte con mi perro, pero siempre que lo __________ bien. *(cuidar)*
7. Como no __________ tu habitación hoy, no saldrás mañana con tus amigos. *(limpiar)*
8. Si Luis no trabajara, __________ con los niños. *(quedarse)*
9. Si te __________, coge un libro. *(aburrir)*
10. La conferencia es a las 8, en caso de que no __________ venir, llama por teléfono. *(poder)*

Aciertos: .... de 9

7. Complete las frases con uno de los nexos del recuadro.

en caso de que (2)	con tal de que	si (2)	como	siempre que (2)

1. *En caso de que los resultados de los análisis sean positivos, deberá operarse sin falta.*
2. Saldré contigo, ________ me lleves a un sitio tranquilo.
3. ________ no hay entradas para esa obra, podemos ir a ver la otra, ¿no?
4. Te prestaría mi bicicleta ________ la cuidaras.
5. Te dejo salir a la calle a jugar ________ me dejes tranquilo un rato.
6. Este aparato tiene garantía. ________ no funcione bien, se lo cambiaremos por otro.
7. ________ ves a Asunción, dile que la llamaré un día de estos.
8. ________ no estés aquí a las ocho en punto, yo me voy.

Aciertos: .... de 7

8. Formule las preguntas siguiendo el modelo.

1. *¿Cómo (reaccionar, tú) si un dependiente te (devolver) más dinero del que te corresponde?*
   ¿Cómo reaccionarías si un dependiente te devolviera más dinero del que te corresponde?
2. ¿Qué *(hacer, tú)* si la televisión *(estropearse)* en mitad de una película interesantísima?
   ____
3. ¿Qué *(hacer, tú)* si *(ver, tú)* a una persona robándole el bolso a una anciana?
   ____
4. ¿Qué *(hacer, tú)* si un día se te *(olvidar)* las llaves dentro de tu casa y no *(tener)* otras?
   ____
5. ¿Qué *(decir, tú)* si *(ver, tú)* a tu novio con otra mujer?
   ____
6. ¿A quién *(llamar, tú)* si *(quedarse, tú)* sin gasolina en una carretera?
   ____
7. ¿Qué *(hacer, tú)* si te *(encontrar, tú)* una cartera con mucho dinero en la calle?
   ____

Aciertos: .... de 6

9. Responda a las preguntas anteriores. También puede preguntarle a un compañero.

1. *Si un dependiente me devolviera más dinero, se lo diría inmediatamente.*
2. ________________
3. ________________
4. ________________
5. ________________
6. ________________
7. ________________

TEMA 10 TOTAL aciertos: .... de 61

Tema 11

LOS COMPARATIVOS Y SUPERLATIVOS

Los comparativos
Comparativos de adjetivos, sustantivos y adverbios
De superioridad e inferioridad Verbo + *más / menos* + sust. / adj. / adv. + *que / de* + ... Verbo + *más / menos* + *de* + *lo que* + indicativo Verbo + *más / menos* + adjetivo + *de* + *lo que* + indicativo Verbo + *más / menos* + sustantivo + *de* + *lo que* + indicativo
De igualdad: Verbo + *tanto como* + ... Verbo + *tan* + adjetivo / adverbio + *como*... Verbo + *tanto, -a, -os, -as* + sustantivo + *como*... Verbo + *como si* + pretérito imperfecto /pluscuamperfecto de subjuntivo
Superlativo absoluto Verbo + adjetivo + *ísimo*
Superlativo relativo *el / la / lo / los / las más / menos* + adjetivo + *de / que*...

Más / menos que

1 Sirven para expresar superioridad e inferioridad:

- *Esta película me ha parecido **más** entretenida **que** la de ayer.*

Tanto como

1 Sirve para expresar igualdad:

- *A mí, esta película me ha gustado **tanto como** la de ayer.*

Más /menos de

1 Sirve para introducir la segunda parte de la comparación, cuando hablamos de una cantidad determinada:

- *En la reunión había **más de 50 personas**.*

Más / menos (...) de lo

1 Cuando la comparación está basada en un adjetivo:

- *Esta casa es **más antigua de lo que** parece.*

2 Cuando la comparación está basada en un verbo:

- ***Trabaja más de lo que** debería.*

3 Cuando la comparación está basada en un nombre y además es cuantitativa, sea con un número exacto o no:

- *Han llegado muchos **más pantalones de los que** habíamos pedido.*

Como si

1 Se utiliza *como si* + pretérito imperfecto / pluscuamperfecto de subjuntivo para hacer una comparación exagerada:

- *Solo me he comido una galleta y es **como si me hubiera comido** un paquete entero.*

Superlativo absoluto

1 Expresa la superioridad o la inferioridad en grado máximo:

- *Este niño saca muy buenas notas y es inteligent**ísimo**.*

Superlativo relativo

1 Expresa la superioridad o la inferioridad en grado máximo respecto a un grupo:

- *Ana es **la más** lista **de** la clase.*
- *Ana es **la** niña **más** lista **que** conozco.*

Ejercicios

1. Construya 3 frases comparativas con los elementos que siguen.

1. *Te encuentro / bien / el verano pasado.*
   Te encuentro mejor que el verano pasado.
   Te encuentro peor que el verano pasado.
   Te encuentro tan bien como el verano pasado.
2. Ayer / llovió / hoy.
3. Ahora / no hablas / fluido / antes.
4. La salud / importante / el amor.
5. Ahora / madrugo / antes.
6. A mí me gusta el café / cargado / a ti.
7. Hoy / hace / mucho / frío / ayer.
8. David / no trabaja / antes.
9. Este secretario / eficaz / el otro.
10. En Ávila / no hay / médicos / Madrid.
11. Jaime / ha recorrido / mucho / mundo / todos nosotros.
12. Yo creo / este niño / se parece / a su madre / a su padre.
13. He visto / mi padre / mal / ayer.
14. Vivir en el campo / agradable / en la ciudad.

Aciertos: .... de 13

2. Transforme las frases como en el modelo.

1. *No trabaja tanto como él dice.* → *Trabaja menos de lo que dice.*
2. No tiene tantos amigos como ella cree.
3. No es tan joven como parece.
4. No hay tantos coches como es habitual.
5. Las manzanas no son tan malas como pensábamos.
6. No es tan inteligente como parece.

7. La operación no fue tan complicada como dijeron.
____
8. Ella no es tan seria como él dice.
____
9. No hemos comido tanto como creíamos.
____
10. Las noticias no son tan buenas como esperábamos.
____

Aciertos: .... de 9

3. Escriba dos frases equivalentes.

1. ¡Qué chica tan generosa!
   Es la chica más generosa que conozco.
   No conozco otra chica tan generosa como ella.
2. ¡Qué película tan divertida!
   _______________ he visto en mi vida.
   _______________ esta.
3. ¡Qué profesor tan interesante!
   _______________ he conocido.
   _______________ este.
4. ¡Qué niña tan traviesa!
   _______________ conozco.
   _______________ ella.
5. ¡Qué hombre tan antipático!
   _______________ he conocido.
   _______________ él.
6. ¡Qué hotel tan lujoso!
   _______________ he visto nunca.
   _______________ este.
7. ¡Qué casa tan bonita!
   _______________ hay en este pueblo.
   _______________ esta.

Aciertos: .... de 6

4. Relacione.

COMO SI

1. *La gente se comporta* → *b*
2. Habla de política
3. Se comportaba
4. No me saludó, hizo
5. Estoy cansado,
6. Cantó
7. Escribe y habla español

a. hubiera trabajado 20 horas.
b. *fuera a vivir eternamente.*
c. no me hubiera visto.
d. entendiera algo.
e. estuviera loco.
f. hubiera nacido en España.
g. fuera un tenor.

Aciertos: .... de 6

5. Con los datos de los dos recuadros, forme frases libremente.

tocar el piano nadar pasear conducir
esquiar bailar sevillanas escuchar música cocinar
montar a caballo pescar hacer *puenting*
ver series montar en bici leer **coleccionar sellos**

divertido entretenido peligroso aburrido
pesado divertido caro emocionante

Bailar sevillanas es mucho más divertido que coleccionar sellos.

TEMA 11 TOTAL aciertos: .... de 34

Tema 12

U LAS PERÍFRASIS VERBALES

Las perífrasis verbales
Verbo + (preposición) + infinitivo
Poner(se) a, empezar a, echar a, volver a, llegar a, venir a, acabar de, dejar de, deber, deber de
Verbo + gerundio
Ir, venir, llevar, seguir
Verbo + participio
llevar, tener

Uso

Las perífrasis verbales permiten expresar comienzo, terminación, obligación... y se construyen con:

Verbo + (preposición) + infinitivo

1 Poner(se) a, empezar a, echar a = Comienzo:

- *Cuando amaneció, los excursionistas **se pusieron a andar**.*

2 Volver a = Repetición:

- *Con tanto estrés **ha vuelto a fumar**.*

3 Acabar de, dejar de = Terminación:

- *Joaquín Sabina **acaba de sacar** un nuevo disco.*

4 Llegar a, venir a = Objetivo:

Venir a + infinitivo se usa frecuentemente para expresar el valor de algo o un cálculo aproximado:

- *Yo calculo que cada una **vendrá a costar** unos 60 000 euros.*

5 Deber = Obligación:

- *Todo el mundo **debe respetar** las leyes.*

6 Deber de = Hipótesis:

- *¿Sabes qué hora es?, no he traído el reloj.*
- *Yo tampoco, pero **deben de ser** las dos o dos y media.*

Verbo + gerundio

1 Ir, venir = Frecuencia, repetición:

- *Rosa **va diciendo** que ella es la mejor vendedora de la empresa.*

2 Llevar, seguir = Continuidad:

- *¿Todavía **sigues estudiando** música?*
- *Sí, **llevo haciéndolo** desde pequeña.*

Verbo + participio

1 Llevar, tener = Terminación:

- *¿Cuántos temas **llevas hechos** hasta ahora?*
- ***Tengo hechos** más de quince.*

1. Complete cada frase con una de las perífrasis del recuadro.

he vuelto a ver	vendrá a costar	tienes preparados	tengo dicho
va diciendo	llegó a acabar	venimos ganando	acabo de verlo
dejan de hacer	se puso a llover		

1. *Yo creo que un aparato de esos vendrá a costar unos 300 euros, más o menos.*
2. ¿Sabes? Un paisano tuyo ________________ por ahí que no vives solo.
3. • ¿Qué sabes de Carmela?
   • Pues nada, no la ________________ desde que se mudó de barrio.
4. • ¿Sabes dónde está el niño?
   • Sí, ________________ en la cocina.
5. Javier no ________________ el curso porque se puso enfermo.
6. Si no ________________ tanto ruido en el bar de abajo, voy a tener que llamar a la policía.
7. Marisa, te ________________ mil veces que no saltes en la cama.
8. Cuando menos lo esperábamos, ________________ a cántaros.
9. ¿________________ los paquetes que vas a mandar?
10. • ¿Qué tal os va el negocio?
    • Bien, entre unas cosas y otras, ________________ suficiente.

Aciertos: .... de 9

2. Subraye la forma adecuada.

1. *Ana M.ª lleva trabajado / lleva trabajando 20 años como ilustradora.*
2. El perro *lleva ladrando / lleva ladrado* toda la noche.
3. El teléfono *lleva sonando / lleva sonado* más de diez minutos.
4. Nosotros no *llevamos viviendo / llevamos vividos* aquí mucho tiempo.
5. Andrés *lleva haciendo / lleva hechos* cinco temas.
6. ¿*Llevas esperando / Llevas esperado* el autobús mucho tiempo?
7. ¿Cuántos folios *llevas escribiendo / llevas escritos* hasta ahora?
8. El abogado no *llevaba preparando / llevaba preparada* la defensa de su cliente.
9. Estoy cansadísima, *llevo corrigiendo / llevo corregido* desde las ocho.
10. Hasta ahora *llevamos pagando / llevamos pagadas* muchas multas tuyas.
11. Mi hermano *lleva haciendo / lleva hechos* pasteles toda la tarde.
12. Ya *llevo leyendo / llevo leídas* 300 páginas de tu novela.
13. Esta noche ya *llevo ganando / llevo ganadas* todas las partidas.
14. *Llevo durmiendo / Llevo dormidas* 12 horas. Estaba agotada.

Aciertos: .... de 13

Ejercicios

3. Elija la respuesta adecuada.

1. *La policía sigue buscando al banquero de Valencia.*

   a. lleva buscando *b. sigue buscando* *c. va buscando*

2. Yo calculo que Anita ____________ unos 45 años.

   a. va a tener b. vuelve a tener c. debe de tener

3. ¡Por fin ____________!

   a. acaba de llover b. ha dejado de llover c. tiene que llover

4. Cuando vio a sus padres, ____________ hacia ellos.

   a. echó a correr b. lleva corriendo c. empezó corriendo

5. Ella ____________ más o menos los mismos años que yo.

   a. lleva bailando b. viene a bailar c. acaba bailando

6. En la radio ____________ decir que la gasolina ____________ subir otra vez.

   a. dejan de... viene a b. acaban de... va a c. llegan a... debe de

7. Su hijo debe ____________ cuanto antes.

   a. empieza a trabajar b. ponerse a trabajar c. echar a trabajar

8. María dice que no piensa ____________ en la vida.

   a. volver a casarse b. ponerse a casarse c. dejar de casarse

9. Yo creo que él no ____________ a sus padres, porque murieron muy jóvenes.

   a. vino a conocer b. dejó conocer c. llegó a conocer

10. • Y tu yerno, ¿qué tal?
    • Bien, ____________ poco a poco, gracias.

    a. viene mejorando b. va mejorando c. empieza mejorando

11. Si sigues así, ____________ al médico.

    a. vas a venir b. tendrás que ir c. acabas de ir

12. ¿No dijiste que no ____________ más?

    a. volverías a fumar b. llegarías de fumar c. irías a fumar

13. ____________ con mucho entusiasmo para que el fuego no se apagara.

a. Se pusieron a soplar b. Se fueron a soplar c. Vinieron a soplar

14. Por favor, no ____________ otra vez.

a. dejes de quejarte b. empieces a quejarte c. llegues a quejarte.

15. Todavía no he visto a nadie, ____________

a. empiezo a llegar b. dejo de llegar c. acabo de llegar

16. Se le puso la cara roja del jarabe que se ____________

a. empezaba a beber b. venía a beber c. acababa de beber

17. A pesar de los años, me ____________ las críticas negativas.

a. llevan doliendo b. siguen doliendo c. esperan doliendo

18. ¿____________ la comida?

a. Sigues preparada b. Tienes preparada c. Vienes preparada

19. ¿Sabes que Marta ____________ con su padre?

a. ha dejado de trabajar b. ha acabado de trabajar c. va trabajando

20. El niño ____________ con ojos incrédulos.

a. se dejó mirando b. se quedó mirando c. se fue mirando

Aciertos: .... **de 19**

4. Construya preguntas siguiendo el modelo.

1. *Vivir en el barrio.* → *¿Sigues viviendo en el barrio?*
2. Salir con Lucía. ____________
3. Trabajar en la misma empresa. ____________
4. Ir de vacaciones a la misma playa de todos los veranos.
____
5. Estudiar astronomía. ____________
6. Ver a los amigos de antes. ____________
7. Dormir muchas horas. ____________
8. Leer tanto como cuando eras pequeño. ____________

Aciertos: .... **de 7**

TEMA 12 TOTAL **aciertos: ....** **de 49**

Tema 13

U LAS ORACIONES CONSECUTIVAS

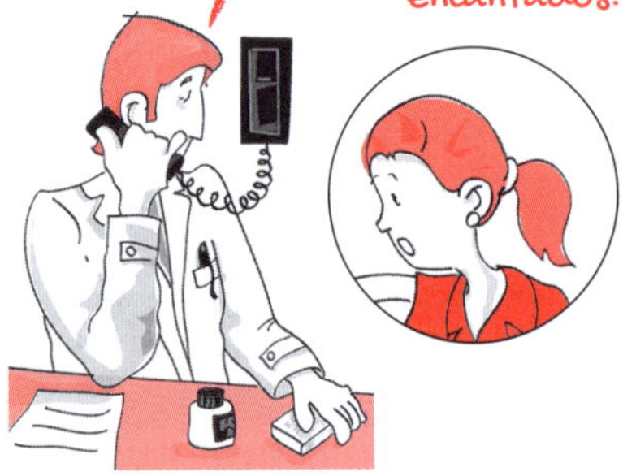

Las oraciones consecutivas

Tan + { adjetivo / adverbio } + ***que*** + …

Verbo + ***tanto que*** + …

Tanto, -a, -os, -as + nombre + ***que*** + …

Uso

Tan... que, tanto que y tanto ... que

1 Las oraciones consecutivas se usan para expresar la consecuencia de una acción, circunstancia o cualidad indicada en la oración principal.
Al mismo tiempo, intensifican la expresión y le dan fuerza:

- ***Trabaja tan despacio que*** *nunca termina a tiempo. (= Trabaja muy despacio.)*
- ***Duerme tanto que*** *luego no tiene tiempo de nada.*
- ***Comió tantos dulces que*** *se puso enfermo.*

Ejercicios

1. Relacione.

1. *Era tan alto*
2. Tiene tanto desorden
3. Dio tantos gritos
4. Había tanta gente
5. Tiene los pies tan grandes
6. Hacía tanto calor
7. La película era tan aburrida
8. Ha dicho tantas mentiras

a. *que no cabía por la puerta.*
b. que no pudimos ver bien el concierto.
c. que le oyeron a varios kilómetros.
d. que las piedras quemaban.
e. que el público se durmió.
f. que no encuentra zapatos de su número.
g. que ahora nadie le cree.
h. que ni él mismo sabe dónde están sus cosas.

Aciertos: .... de 7

2. Forme frases como en el modelo.

1. *Estábamos todos muy cansados. Nos acostamos pronto.*
   Estábamos todos tan cansados que nos acostamos pronto.
2. El accidente fue muy rápido. Nadie se dio cuenta de lo que pasó.
   ____
3. El correo tenía muchas faltas. Tuve que escribirlo otra vez.
   ____
4. Llovía mucho. No se pudo recoger la cosecha.
   ____
5. El agua estaba muy turbia. No quisimos beber.
   ____
6. Hay muchas cosas que hacer. No sé por dónde empezar.
   ____
7. Fuma mucho. Acabará por ponerse enfermo.
   ____
8. Había mucha nieve. Los coches no podían pasar.
   ____
9. Estaba muy contenta. Se puso a cantar.
   ____

Aciertos: .... de 8

3. Elija la respuesta adecuada.

1. *Aunque no lo creas, ahora como tanto que he engordado 3 kilos.*
   a. tan que *b. tanto que* *c. tanto como*

2. Salía ______ esporádicamente ______ muy pocos vecinos lo veían.
   a. tan ... como b. tanto ... que c. tan ... que

3. Iván se asustó ______ se le pusieron los pelos de punta.
   a. tan como b. tanto que c. tan que

4. El negocio es ______ rentable ______ ha decidido abrir otro.
   a. tan ... que   b. tanto ... como   c. tan ... como

5. En Galicia llueve ______ parece que estamos en Londres.
   a. tanto como   b. tan como   c. tanto que

6. Estaba ______ harta de la vida que llevaba ______ quería perder de vista la ciudad.
   a. tanta ... como   b. tanta ... que   c. tan ... que

7. En esa película trabaja ______ bien ______ ha ganado un Goya.
   a. tan ... como   b. tanto ... como   c. tan ... que

8. Una noche, estaba ______ desesperado ______ salió a dar un paseo, porque no podía dormir.
   a. tanto ... como   b. tan ... que   c. tan ... como

9. Me agarró con ______ fuerza ______ pensaba que íbamos a caernos.
   a. tan ... como   b. tanta ... como   c. tanta ... que

10. En este hotel se duerme ______ cómodamente ______ no apetece madrugar.
    a. tan ... como   b. tanto ... como   c. tan ... que

11. Este año han venido ______ turistas ______ será muy buena la temporada.
    a. tantas ... que   b. tantos ... como   c. tantos ... que

12. Cómprate ese traje. Es ______ bonito ______ sería una pena no llevártelo.
    a. tan ... que   b. tanto ... como   c. tan ... como

13. Es ______ egoísta ______ no quiere saber nada de los problemas de sus hermanos.
    a. tan ... que   b. tanto ... como   c. tanta ... que

14. Conduce ______ prudentemente ______ nunca ha tenido un accidente.
    a. tanto ... que   b. tan ... que   c. tanto ... como

Aciertos: .... **de 13**

TEMA 12 TOTAL **aciertos:** .... **de 28**

Tema 14

U SER / ESTAR + ADJETIVO

Ser / estar + adjetivo			
Afirmativo		Negativo	
Es seguro, es evidente, es / está claro, está visto, es cierto	+ *que* + indicativo	*No es seguro, no es evidente, no es / está claro, no está visto, no es cierto*	+ *que* + subjuntivo
Es lógico, es difícil, es conveniente, es necesario, es normal, es mejor. Estoy acostumbrado a, estoy dispuesto a, estoy satisfecho de	+ infinitivo + *que* + subjuntivo	*No es lógico, no es difícil, no es conveniente, no es necesario, no es normal, no es mejor. No estoy acostumbrado a, no estoy dispuesto a, no estoy satisfecho de*	+ *que* + subjuntivo
Estoy seguro de, estoy convencido de	+ infinitivo + *que* + indicativo	*No estoy seguro de, no estoy convencido de*	+ *que* + subjuntivo

Uso

Es seguro, es / está claro, está visto que...

Indicativo

1 Cuando la oración principal es afirmativa:

- ***Es evidente que*** *M.ª José* ***tiene*** *mucho prestigio entre sus colegas.*

Subjuntivo

1 Cuando la oración principal es negativa:

- ***No es seguro*** *todavía* ***que*** *Jesús y Lola* ***vayan a hacer*** *huelga.*

Es lógico, es difícil, es maravilloso que...

Infinitivo

1 Cuando el sujeto de las dos oraciones (principal y subordinada) es el mismo, o un sujeto determinado:

- ***Está acostumbrado a llegar*** *tarde siempre.*
  (él) (él)
- ***Es maravilloso vivir*** *en el campo.*

Subjuntivo

1 Cuando el sujeto de las dos oraciones no es el mismo:

- ***Está acostumbrada a que*** *le* ***manden****.*
  (ella) (ellos/-as)
- ***Es lógico que desconfíe*** *de todo el mundo. Ha tenido muchos desengaños.*

Está convencido, -a de (que) / está seguro, -a de (que)...

Infinitivo

1 Cuando el sujeto de las dos oraciones (principal y subordinada) es el mismo:

- ***Estoy segura de aprobar*** *este examen.*
  (yo) (yo)

Indicativo

1 Cuando la oración principal es afirmativa:

- ***Estoy segura de que*** *Elena* ***aprobará*** *este examen.*

Subjuntivo

1 Cuando la oración principal es negativa:

- ***No estoy segura de que*** *Juan Carlos* ***apruebe*** *este examen.*

Concordancia de tiempos verbales

En los casos en que la oración subordinada lleva el verbo en modo subjuntivo, caben diferentes concordancias posibles:

Presente

1 Verbo principal en presente, verbo subordinado en presente de subjuntivo:

- *No estoy seguro de que vengan.*

2 Verbo principal en presente, verbo subordinado en pretérito perfecto de subjuntivo:

- *No estoy seguro de que hayan venido.*

3 Verbo principal en presente, verbo subordinado en pretérito imperfecto de subjuntivo:

- *No estoy seguro de que vinieran.*

4 Verbo principal en presente, verbo subordinado en pretérito pluscuamperfecto de subjuntivo:

- *No estoy seguro de que hubieran venido.*

Pasado: pretérito perfecto compuesto, pretérito imperfecto, pretérito perfecto simple, pretérito pluscuamperfecto:

1 Verbo principal en pasado, verbo subordinado en pretérito imperfecto de subjuntivo:

- *No estaba seguro de que vinieran.*

2 Verbo principal en pasado, verbo subordinado en pretérito pluscuamperfecto de subjuntivo:

- *No estaba seguro de que hubieran venido.*

Futuro

1 Verbo principal en futuro, verbo subordinado en presente de subjuntivo:

- *Será mejor que vengas pronto.*

Condicional

1 Verbo principal en condicional, verbo subordinado en pretérito imperfecto de subjuntivo:

- *Sería conveniente que vinieran.*

1. Complete las frases con uno de los elementos del recuadro.

Está encantada	Está decidida	No estoy seguro	Están acostumbrados
No estoy dispuesto	Está muy orgullosa	Está convencido	

1. *No estoy dispuesto a que se rían de mí.*
2. ____________ a llevar el asunto a los tribunales.
3. ____________ de que acepten nuestra oferta.
4. ____________ de haber conseguido el Premio Nobel de Física.
5. ____________ de que lo van a readmitir en la empresa.
6. ____________ de trabajar en el cine.
7. ____________ a que yo les resuelva todos los problemas.

Aciertos: .... **de 6**

2. Subraye la forma adecuada.

1. *Sería conveniente que vayas / fueras tú mismo y veas / vieras los destrozos que han hecho.*
2. No es fácil *aceptar / que aceptara* la muerte de los seres queridos, sobre todo si son jóvenes.
3. Al final, no fue preciso *llamar / que llames* a la ambulancia.
4. Es evidente que Roberto *está / esté* totalmente enamorado de Sonia.
5. Era imprescindible que el notario *levante / levantara* acta de la sesión.
6. ¿Es imprescindible *hacer / que hiciera* el examen para pasar al curso siguiente?
7. No es justo que *cierran / cierren* el Centro Dramático por falta de presupuesto.
8. Para poder cumplir nuestros objetivos, sería necesario que los países ricos *aporten / aportaran* más dinero.
9. ¿No crees que era injusto que siempre *tenga / tuviera* que ocuparme yo?
10. Está visto que, al final, *tenga / tengo* que ir yo otra vez al aeropuerto.
11. Lo más probable era que el ratón no *estaba / estuviera* allá dentro.

Aciertos: .... **de 10**

3. Complete las frases con un verbo en el tiempo y modo adecuados.

1. *Sería conveniente que tú también te ocuparas de la lavadora y plancharas las camisas. (ocupar, planchar)*
2. Estamos seguros de que ustedes ____________ la situación. *(comprender)*
3. Antes, mi cliente no estaba dispuesto a ____________ su primera declaración, pero ahora sí. *(rectificar)*
4. Era increíble que, media hora después, todavía no ____________ los bomberos. *(llegar)*
5. No es justo que les ____________ menos por el mismo trabajo. *(pagar)*
6. Están hartos de que siempre les ____________ lo mismo. *(decir, ellos)*
7. Se fue porque no estaba dispuesto a que le ____________ más. *(explotar)*
8. Hasta hoy no estaba convencido de que le ____________ la verdad. *(decir, ellos)*

9. ¿Cómo estabais seguros de que ella no ______________ a recoger el coche la noche anterior? *(venir)*
10. Ella no estaba segura de que la ______________ cuando explicó su proyecto. *(entender)*
11. ¿No es maravilloso que Sofía ______________ por fin el mes que viene? *(volver)*
12. No era lógico que ______________ así con nosotros, después de todo lo que ______________ por él. *(portarse, él; hacer)*
13. Estamos muy orgullosos de que en nuestra Constitución se ______________ a las mujeres antes que a los hombres. *(mencionar)*
14. Sería conveniente que a las horas punta ______________ más autobuses. *(haber)*
15. No está claro que él ______________ el verdadero autor de esta novela. *(ser)*
16. Será mejor que ______________ lo que te ha dicho el médico. *(hacer, tú)*
17. Es lógico que si uno ____________ luego _________ derecho a quejarse. *(votar, tener)*
18. Es bastante probable que esta momia ______________ a algún personaje importante en su tiempo. *(pertenecer)*
19. Será mejor que nadie ______________ nada de esto. *(decir)*
20. Fue inútil que le ______________, no quiso apuntarse al viaje. *(insistir, nosotros)*
21. Es ridículo que ______________ así, a estas alturas. *(ponerse, tú)*
22. Sería conveniente que ______________ ya, para evitar los atascos. *(salir, nosotros)*
23. Dijo que estaba acostumbrada a ______________ día y noche. *(trabajar)*
24. Mi madre estaba muy orgullosa de que yo ______________ estudiar Medicina. *(decidir)*

Aciertos: .... de 25

4. Exprese su opinión ante estas noticias.

1. *Los españoles de ahora no son tan machistas como los de hace 25 años.*
   Estoy convencido de que es mentira. *Es lógico que sea así.*
2. Hay crisis en el ejército. Los chicos españoles no quieren ser militares.
   ____
3. Un policía utiliza el coche patrulla para hacer la compra en el hipermercado.
   ____
4. El próximo año se inaugurarán dos nuevas autopistas a través del Parque Nacional de Doñana. Miles de aves se quedarán sin un lugar para vivir.
   ____
   ____
5. El 60% de los españoles entre 20 y 30 años, con un puesto de trabajo, aún no ha abandonado el hogar familiar.
   ____
6. Las tasas de la universidad subirán un 8% el próximo curso.
   ____
7. Un conductor se da a la fuga tras atropellar a un peatón.
   ____

Aciertos: .... de 6

TEMA 14 TOTAL aciertos: .... de 47

Tema 15

U LAS ORACIONES TEMPORALES

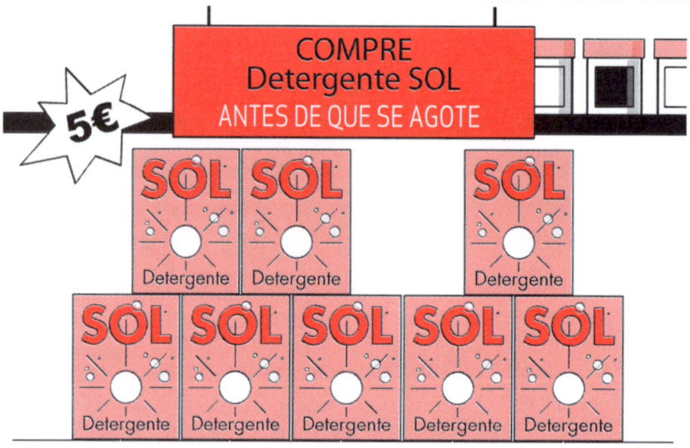

Las oraciones temporales	
Antes de *Después de*	+ infinitivo
Antes de que	+ subjuntivo
Tan pronto como *Cuando* *En cuanto* *Después de que* *Hasta que* *Siempre que* *Mientras*	+ indicativo / subjuntivo
Desde que	+ indicativo

Uso

Antes de (que)

1 Se suele usar el infinitivo cuando el sujeto de los dos verbos es el mismo, y el subjuntivo cuando el sujeto es distinto:

- ***Antes de salir*** *de viaje, asegúrate de que llevas la documentación.*
- *Vamos a terminar,* ***antes de que venga*** *el jefe. Futuro*
- *Al final, ayer terminamos todo el trabajo* ***antes de que llegara*** *el jefe. Pasado*

Después de (que)

1 Suele llevar el verbo en infinitivo, sea con el mismo sujeto o con sujetos distintos:

- *¿Saldréis* ***después de cenar****?*
  (vosotros) (vosotros)
- *¿Habéis visto a alguien* ***después de acabar*** *la película?*

2 Pueden usarse el indicativo y el subjuntivo cuando se habla del pasado, y el subjuntivo cuando se habla del futuro:

- *No ha vuelto* ***después de*** *que* ***le dijeron / dijeran*** *aquello.*
- ***Después*** *de que* ***venga*** *el médico, podremos salir.*

Cuando, en cuanto, después de que, hasta que, siempre que, mientras, tan pronto como

Las oraciones temporales introducidas por estos nexos pueden llevar el verbo en indicativo o subjuntivo:

Indicativo

1 Cuando hablamos del presente o del pasado:

- *La gente no se fue a casa* ***hasta que*** *le* ***dijeron*** *que no había peligro.*
- ***Siempre que iba*** *al extranjero traía regalos para todos.*

Subjuntivo

2 Cuando hablamos del futuro:

- *Quédate aquí* ***hasta que*** *yo* ***venga****.*
- ***Siempre que vaya*** *al extranjero te traeré un regalo.*
- ***Mientras esté enferma****, la niña no podrá ir al colegio.*

Desde que

1 Las oraciones introducidas por *desde que* llevan normalmente el verbo en indicativo:

- *Ha cambiado mucho* ***desde que murió*** *su marido.*

¿Cuándo...?

1 Las oraciones interrogativas directas e indirectas que comienzan por *cuándo* llevan el verbo en indicativo:

- *¿Sabes* ***cuándo vendrá*** *Begoña?*

1. Complete las frases con las palabras del recuadro.

en cuanto (4) desde que (4) hasta que (2) antes de que (2) mientras (4) después de (2) cuando

1. *En cuanto sepas algo, llámame.*
2. ____________ se licenció no la he visto.
3. He venido ____________ me he enterado de la triste noticia.
4. ____________ unos hacían la comida, otros preparaban la mesa.
5. ____________ llegues, escríbeme.
6. ____________ he visto esa película de terror, no puedo dormir.
7. ____________ dure la pandemia no podemos viajar.
8. ____________ haya comido, voy a ayudarte en la tarea.
9. ____________ pudieran reaccionar escapó.
10. ____________ empiece el partido de fútbol, voy a preparar la cena.
11. La mujer, ____________ lo vio, se emocionó y lloró un poco.
12. Luis, ¡lávate los dientes ____________ comer chocolate!
13. ________ salgo por la mañana, ________ vuelvo a casa por la tarde, no paro.
14. Está buscando trabajo, ____________ cerraron su empresa.
15. No se dio cuenta de nada ____________ llegó a casa.
16. ____________ tú hablas con Pablo, yo voy a hacer un recado.
17. ____________ esperar dos horas, nos dijeron que no vendría.
18. ____________ ella se duchaba, él preparó la cena.

Aciertos: .... de 18

2. Transforme la frase como en el modelo.

1. *Saldremos antes de que empiece el atasco.*
   Salimos antes de que empezara el atasco.
2. Me voy a vestir, antes de que lleguen mis amigos.
   ____
3. Cenaremos antes de que vengan los otros.
   ____
4. Iré a dar un paseo antes de que anochezca.
   ____
5. Bajaré la música, antes de que protesten los vecinos.
   ____
6. Voy a apagar el fuego, antes de que se queme la comida.
   ____
7. Compraré otros dos libros de arte, antes de que se agoten.
   ____
8. Voy a sacar el coche de allí, antes de que se lo lleve la grúa.
   ____

Aciertos: .... de 7

3. Complete las frases siguientes con el verbo en el modo y tiempo más adecuados: infinitivo / indicativo / subjuntivo.

1. *Tan pronto intuyo que la luz verde del semáforo se va a poner roja, me pongo a correr. (intuir)*
2. Cuando se ________________ por caminos, hay que tomar muchas precauciones. *(circular)*
3. La gerente se quedó charlando hasta que ________________ Vicente. *(llegar)*
4. Se determinan las características físicas antes de ________________. *(nacer)*
5. Cuando ________________ a la escuela secundaria, ya se podía prever qué tipo de persona sería. *(ir)*
6. Mientras yo ________________ aquí, nada malo te ocurrirá. *(estar)*
7. Vete, antes de que te ________________. *(ver, él)*
8. Cuando ________________ en la despensa, la luz no se encendió. *(entrar, yo)*
9. Antes de que yo ________________ contestarle, se fue. *(poder)*
10. Cuando me ________________ que no era grave, sentí alivio. *(decir, ellos)*
11. Cuando ________________ al dentista, me informaron de que debía extraerme inmediatamente varios dientes. *(ir)*
12. Mientras el enfermero ________________ la jeringuilla, yo permanecía inmóvil. *(preparar)*
13. Desde que ________________ la primera vez, he querido verte a solas. *(encontrarse, nosotros)*
14. Cuando ella ________________ desocupada, pasábamos horas conversando. *(hallarse)*
15. Desde que ________________, ha vivido en varios sitios del mundo. *(dimitir, él)*
16. Transcurrió un momento, antes de que ________________ a hablar. *(volver, ella)*
17. ¿Qué harían cuando ________________ esta posibilidad? *(perder)*
18. Poco tiempo después de que ________________ del pueblo, la gente dejó de hablar de él. *(irse, él)*
19. En cuanto te ________________ los resultados de los análisis, llévaselos a tu médico de cabecera. *(dar, ellos)*
20. Antes de ________________ de casa, yo no sabía ni freír un huevo. *(irse, yo)*
21. Dijo que llamaría en cuanto ________________ al hotel. *(llegar)*
22. Hasta que no lo ________________, no lo creyeron. *(ver)*
23. ¿Qué quieres hacer cuando ________________ mayor? *(ser)*
24. Antes de ________________ algo, consúltalo conmigo si quieres. *(decidir)*
25. Después de ________________ con nosotras, reconsideraron su postura. *(hablar)*
26. ¡Tú no te muevas de aquí hasta que yo te lo ________________! *(decir)*

Aciertos: .... de 25

Ejercicios

4. Una las dos frases en una sola, haciendo las transformaciones oportunas.

antes de (que) (2) después de (2) en cuanto (4) mientras (2)

1. *Pedro tiene que firmar el contrato ya.*
   Van a abrir la fábrica mañana.
   Pedro tiene que firmar el contrato antes de que abran la fábrica.
2. Vamos a llegar pronto. Tenemos que encender la chimenea.
   ____
3. Tú puedes pasar la aspiradora. Yo hago la compra.
   ____
4. Se enteró del accidente de avión por televisión. Enseguida llamó a la familia.
   ____
5. Compramos el ordenador el martes pasado. Habíamos visto la oferta el lunes.
   ____
6. Vamos a recoger lo de la fiesta. Tus padres van a venir de un momento a otro.
   ____
7. La ley del divorcio salió en abril. Ellos se divorciaron inmediatamente.
   ____
8. Ella aprobó las oposiciones de juez. Se había trasladado a Soria poco antes.
   ____
9. Mi marido se jubilará pronto. Entonces nos iremos a vivir a Mallorca.
   ____
10. Tú vas a comprar los billetes. Al mismo tiempo yo preparo las maletas.
    ____

Aciertos: .... de 9

TEMA 15 TOTAL aciertos: .... de 59

Tema 16

u EL ESTILO INDIRECTO

Lo siento, señores, mi abogado **me ha prohibido** hacer declaraciones a la prensa.

Dijo que su abogado **le había prohibido** hacer declaraciones a la prensa.

Los manifestantes **exigían que bajaran** los impuestos.

¡No toques la plancha!

Pero si ya **te advertí que no tocaras** la plancha...

En este restaurante, **tiene que reservar mesa.**

Ya **nos advirtieron que teníamos que reservar** mesa.

Verbos de información + *que* + indicativo		
Estilo directo (Indicativo)	Verbo introductor	Estilo indirecto (Indicativo)
Presente / pasado Futuro	Presente / pret. perfecto compuesto	Presente / pasado Futuro
Presente Pret. perf. compuesto Pret. perf. simple Pret. imperfecto	Pret. perf. comp. / pret. imperf. / pret. perf. simple /pret. pluscuamp.	Pret. imperfecto Pret. plusc. / perf. simple
Futuro		Condicional

Verbos de prohibición, mandato, recomendación + *que* + subjuntivo		
Estilo directo	Verbo introductor	Estilo indirecto
Imperativo	Presente / pret. perfecto compuesto	Presente de subj.
Imperativo	Pret. perfecto / pret. imperf. / pret. perf. simple / pret. plusc.	Pret. imperfecto subj.

USO

Indicativo

1 Se usa en las oraciones dependientes de verbos que expresan transmisión de información, como *contar, explicar, preguntar, comentar, informar, advertir, anunciar, asegurar:*

- ***Han comentado*** *en el telediario* ***que*** *mañana* ***lloverá.***
- *Ya* ***nos advirtieron que*** *este restaurante* ***era*** *carísimo.*

Subjuntivo

1 Se usa en las oraciones dependientes de verbos que expresan recomendación o mandato, como *ordenar, aconsejar, rogar, prohibir, recomendar, sugerir:*

- *Su médico* ***le ha recomendado que no fume.***

Indicativo o subjuntivo

1 Algunas veces, el mismo verbo puede tener dos significados distintos y dar lugar a tiempos y modos verbales diferentes en la oración subordinada:

advertir = informar:

- *"Voy a llegar tarde"*
- *Él* ***nos advirtió que llegaría*** *tarde.*

advertir = ordenar, recomendar:

- *"No lleguéis tarde"*
- *Mamá* ***nos advirtió que no llegáramos*** *tarde.*

1. Complete las frases con uno de estos verbos en el tiempo más adecuado de indicativo.

salir ir (4) casarse ser funcionar entender
estar poder pasar saber ver tener aguantar

1. *En la autoescuela nos explicaron cómo funcionaba el embrague.*
2. Ya te advertí que tu madre ________ muy mal.
3. Dijo que no ________ venir con nosotras porque ________ que arreglar la persiana.
4. Nos contaron que ________ el mes anterior por lo civil y que ________ la luna de miel en Cancún.
5. Me comentó que la fábrica ________ de mal en peor y que no ________ hasta cuándo ________ .
6. Le pregunté si ________ a pasarse la vida quejándose de lo mismo y me respondió que yo ________ una egoísta y que no ________ nada.
7. Han comentado que pronto ________ a cerrar la carretera y que ________ a abrir la autopista.
8. Ya nos advirtieron que con esta empresa la mudanza nos ________ muy cara.
9. Ella nos contó que todos los fines de semana ________ muchas series.

Aciertos: .... de 15

2. Complete las frases con el verbo en la forma más adecuada.

1. *Mis padres me recomendaron que fuera a estudiar a Inglaterra y sacara un certificado de idiomas. (ir, sacar)*
2. Al despedirme de ella, le dije que no la ________ jamás. *(olvidar)*
3. Cuando se enteraron de que yo ________ rico, me pidieron que ________ en varios proyectos de ayuda al medio ambiente. *(ser, colaborar)*
4. El viernes les anunció a sus empleados que ella no ________ a trabajar más. *(volver)*
5. Llamé a Valeria y le dije que ________ y que ________ ansioso por verla. Me contestó que ella también me ________ de menos. *(regresar, estar, echar)*
6. Él dijo que ella ________ utilizar el transporte público. *(deber)*
7. Siempre le recomendaba que no ________ a casa demasiado tarde. *(volver)*
8. Llamé por teléfono a mi padre para decirle que ________ sin mí. *(comer)*
9. Le pidió a Fernando que le ________ una mano. *(echar)*
10. Una vez le pregunté a Silvia qué ________ por las tardes y me contestó que ________ dar una vuelta por el barrio y tomar un café siempre en el mismo bar. *(hacer, soler)*
11. Me dijo que ________ de bajar del autobús. *(acabar)*
12. Le prometiste a Blanca que ________ a verla a menudo. *(ir)*
13. Las señales advertían de que no ________ de la pista. *(salir, nosotros)*
14. El cocinero anunció que la comida ________ lista en unos minutos. *(estar)*

15. Les explicó que no ____________ escolta. *(querer)*
16. Pediré al ministerio que nos ____________ más libros. *(enviar)*
17. Ya te había dicho que no ____________ nada, que nosotros ____________ la bebida. *(comprar, tú; traer)*

Aciertos: .... de 21

3. Transforme en estilo indirecto.

1. *Niña: «Quiero que me lleven a casa».*
   La niña dijo que quería que la llevaran a su casa.
2. «No pretendo que me sigas a todas partes».
   Le aseguré que ____________
3. «Mientras yo escribo, puedes ir al cine».
   Yo le propuse que ____________
4. «Cuando salgas, ven a verme».
   Ella me pidió que ____________
5. «No he comido porque no tenía hambre».
   Me comentó que ____________
6. «Si llama Ángel, dile que no estoy».
   Mi hermana me dijo que ____________
7. «Espero que te vayas y no vuelvas más».
   Él le respondió que ____________
8. «Si tuviera dinero, compraría muchos libros».
   Comentó que ____________
9. «Cuando vuelvas de tu viaje, iré a verte».
   Aseguró que ____________
10. «Recoge la ropa tendida, antes de que empiece a llover».
    Mi madre me mandó que ____________

Aciertos: .... de 9

4. Reescriba las frases anteponiendo uno de los verbos del recuadro.

aconsejar (2)	sugerir	rogar (3)	recomendar (2)	prohibir (3)

1. *«Id a ese hotel, es muy bueno».*
   Él nos recomendó que fuéramos a ese hotel porque era muy bueno.
2. «No os acerquéis al agua».
   La abuela ____________
3. «Vuelve pronto».
   Ella le ____________
4. «No trabaje tanto».
   El médico ____________
5. «Ayúdame, por favor».
   Él le ____________

6. «Córtate el pelo, estarás mejor».
Mi compañera me ______

7. «No quiero que estudies Filosofía, es una carrera que no sirve para nada».
Su padre le ______

8. «Lo mejor es que hables con el profesor de Julia».
Yo le ______

9. «No salgas todas las noches».
La madre le ______

10. «Acércame la medicina, por favor».
Ella nos ______

11. «No comas más caramelos».
Él le ______

12. «Cómprate un diccionario más completo».
Yo ______

Aciertos: .... de 11

5. ¿Qué le aconsejaron sus compañeros a Miguel?

Miguel Pérez trabaja en una empresa desde hace más de 20 años y hace pocos días recibió una oferta de otra empresa. Le ofrecen mayor sueldo y un cargo de mayor responsabilidad del que tiene ahora. No sabe qué hacer. Sus compañeros le hacen varias sugerencias, y luego él se lo cuenta a su mujer. Escriba usted el texto de lo que le ha dicho a su mujer.

Vicente
No dejes esta empresa, te arrepentirás, ya verás.

Pilar
Esta es la oportunidad de tu vida, tienes derecho a mejorar, acepta la oferta cuanto antes.

Carlos
Yo creo que debes pensarlo bien antes de decidirte. Pide un tiempo para meditarlo.

Juanjo
Pues yo creo que debes hablar con nuestro jefe de personal y pedirle que te ascienda y te suba el sueldo. Si no te lo sube, te vas.

Lucía (mujer de Miguel): Y tus compañeros, ¿qué te dijeron cuando se lo dijiste?
Miguel: Pues no me ayudaron mucho, la verdad, cada uno me aconsejó algo distinto. Vicente me dijo que ______

TEMA 16 TOTAL aciertos: .... de 56

Tema 17

LOS PRONOMBRES PERSONALES

Los pronombres personales			
Tónicos	Átonos		Tónicos
Sujeto	Objeto directo	Objeto indirecto	Con preposición
Yo	*me*	*me*	*mí (conmigo)*
Tú	*te*	*te*	*ti (contigo)*
Él, ella, usted	*lo, la (le)*	*le (se)*	*él, ella, usted / sí (consigo)*
Nosotros, -as	*nos*	*nos*	*nosotros, -as*
Vosotros, -as	*os*	*os*	*vosotros, -as*
Ellos, ellas, ustedes	*los, las*	*les (se)*	*ellos, ellas, ustedes / sí (consigo)*

Los verbos con pronombres		
Sin pronombre	Con pronombre reflexivo	Con ***le***
quedar	*quedarse*	*quedarle (bien/mal)*
arreglar	*arreglarse*	
sentir	*sentirse*	
faltar		*faltarle (algo a alguien)*
sentar	*sentarse*	*sentarle (bien/mal)*
despedir	*despedirse*	
parecer	*parecerse*	*parecerle (bien/mal)*
olvidar	*olvidarse*	
interesar	*interesarse*	*interesarle (algo a alguien)*
apetecer		*apetecerle (algo a alguien)*
gustar		*gustarle (algo a alguien)*
pasar	*pasarse/pasárselo (bien/mal)*	
poner	*ponerse*	
hacer	*hacerse*	
caer	*caerse*	*caerle (bien/mal)*
ocurrir		*ocurrírsele (algo a alguien)*

Uso

Los pronombres personales

Lo, la, los, las

1 Cuando el nombre (o pronombre) que funciona como objeto directo aparece antes del verbo, es obligatorio utilizar también el pronombre personal correspondiente:

Esta película ya la he visto dos veces.
(OD) (OD)

Se + me / te / le / nos / os / les

2 Se usa para expresar la falta de responsabilidad del sujeto en la acción verbal y con el segundo pronombre indicamos quién es el afectado.

- *Ayer rompí el jarrón.*
- *El jarrón **se** rompió en el traslado.*
- ***Se me** rompió el jarrón cuando le quitaba el polvo.*

Los pronombres tónicos

3 *Con + mí, ti, sí = conmigo, contigo, consigo*. La forma *consigo* tiene un valor reflexivo:

- *Al marcharse de esta casa se llevó **consigo** todas sus pertenencias.*

Detrás de las preposiciones *según, entre, excepto, incluso, menos, salvo* y *hasta*, se usa la forma *tú*:

- ***Según tú**, ¿cuáles son las mejores escritoras en lengua castellana?*
- *Lo que te acabo de contar queda **entre tú** y **yo**.*

Los verbos pronominales

Son verbos que se construyen con el pronombre, como *acordarse*: *yo me, tú te, él se, nosotros nos, vosotros os, ellos se.*

Reflexivos

1 Cuando el sujeto y el objeto son la misma persona: *ducharse, peinarse.*

- ***Se ducha** todos los días.*

Recíprocos

2 Cuando los dos sujetos tienen una relación mutua, por lo que van siempre en plural: *amarse, abrazarse, pelearse, saludarse.*

- *Llevaban tanto tiempo sin verse que **se abrazaron** durante mucho tiempo.*

Cambio de significado

3 Algunos verbos cambian de significado según si se usan con o sin pronombres: *quedar / quedarse /quedarle (bien/mal)*:

- *Quedamos mañana a las ocho, ¿vale? = tener una cita.*
- *La presentadora no se quedó en el plató después del debate. = permanecer.*
- *Creo que a la presentadora no la queda bien este peinado. = no le favorece.*

Sentarle (bien/mal) algo a alguien = quedarle (bien/mal) o (no) gustar
Pasárselo (bien/mal) = divertirse
Caerle (bien/mal) a alguien = parecer simpático/antipático
Ocurrírsele (algo a alguien) = tener una idea

1. Elija el pronombre adecuado: *se / le / les.*

1. *No te preocupes, ya verás como, al final, todo se / le / les arregla.*
2. Voy a llamar al electricista que se / le / les arregló la instalación a Nuria y Marta.
3. Él todavía no se / le / les ha convencido a sí mismo de que ha cometido un error.
4. La casa de la plaza se / le / les ha pertenecido siempre a ellos.
5. ¿Has visto lo bien que se / le / les sienta el campo a Alberto?
6. Mi padre siempre se / le / les sienta en el sillón al lado de la ventana.
7. Los animales no necesitan mucho, se / le / les basta con tener comida y espacio.
8. A ellas se / le / les resulta más fácil venir en coche que en tren.
9. Nunca se / le / les acostumbró a levantarse / levantarle / levantarles temprano.
10. Estos esquís son muy buenos, se / le / les deslizan por la nieve con facilidad.
11. No se / le / les compraron el piso porque el precio no se / le / les convencía mucho.
12. A mis abuelos se / le / les sentó fatal que no fuéramos a verlos.
13. A los niños no se / le / les gustó la comida, pero no se / le / les atrevieron a protestar.
14. Siempre ha sido muy desconfiado, no se / le / les fía de nadie.
15. • ¿Qué se / le / les ha pasado a Juana, por qué no ha venido?
    • Pues que se / le / les ha sentado mal la comida y se / le / les duele el estómago.
16. Vosotros sentaos aquí, ellos siempre se / le / les sientan allí.

Aciertos: .... de 20

2. Complete las frases con los pronombres adecuados.

1. *No creo que David se encuentre tan solo como dices.*
2. A ellos _______ parece que la situación es peor que antes.
3. ¿Sabes qué _______ ha sucedido a Pedro?
4. No debes quejar_______ . Hay mucha gente que está peor que _______
5. Dice un proverbio: «Si lloras de noche, las lágrimas _______ impedirán ver las estrellas».
6. Tiraron tanto de la cuerda que al final _______ rompió.
7. Si el dinero no _______ alcanza, _______ queda el recurso de pedir un préstamo *(a nosotros)*
8. Muchas personas mayores necesitan que alguien _______ ayude.
9. Hija, estudia, ¡no _______ distraigas!
10. Eva _______ parece mucho a su padre en lo físico.
11. A los becarios _______ _______ exige trabajar sin remuneración alguna, ¡es una vergüenza!
12. Mi hermano está enfermo. Ayer _______ sintió mal y tuvimos que llevar_______ al hospital.

13. Ella es tan famosa que, cuando va por la calle, la gente _______ reconoce y _______ pide autógrafos.
14. A mí no _______ faltan ofertas de trabajo.
15. A María, trabajar en la radio _______ entusiasma.
16. A los jóvenes de hoy no _______ interesa la política.
17. El director llamó para interesar_______ por la salud de su compañero de trabajo.
18. A nadie _______ debe sorprender que una mujer sea presidenta del Gobierno.
19. ¡Alfonso, prepára_______ y a ver si _______ cortas el pelo!
20. _______ dije a los niños que _______ fueran al cine.
21. A nadie _______ importa si vivo sola o acompañada.
22. Te dije que no _______ dieras la papilla al bebé. ¿Por qué _______ _______ has dado?
23. Ya _______ _______ advertí y tú no _______ hiciste caso.
24. Y a vosotros, ¿_______ apetece tomar algo en la terraza?
25. Cuando _______ dieron la noticia, _______quedó de piedra.
26. La vida es corta, no debemos olvidar_________ de disfrutar de ella.
27. • ¿Dónde están mis tijeras?
    • Creo que tu hermana _______ puso en esa caja.
28. ¿Qué tal _______ _______ pasasteis vosotros en la excursión?

Aciertos: .... de 40

3. En estas frases, hemos quitado los pronombres de objeto directo (*lo / la / los / las*). Colóquelos en su sitio.

1. *Vaya tontería, eso sabe hacer cualquiera.*
   Vaya tontería, eso lo sabe hacer cualquiera.
2. Yo a la gente no juzgo, a la gente respeto.
   ____
3. A su gato vacunaron cuando tenía tres meses.
   ____
4. Este puente construyeron los romanos.
   ____
5. Castañas como estas solo venden en mi pueblo.
   ____
6. A tu prima no he visto desde hace más de un año.
   ____
7. Estos pasos de baile aún no hemos aprendido.
   ____

Aciertos: .... de 6

4. Complete con *se + me / te / le / nos / os / les*.

1. *Cuando* se me *acabe el azúcar, empezaré a comprar miel.*
2. Tengo que llamar al técnico, porque ________ ha estropeado el calentador.
3. Al niño ________ ha caído el reloj a la piscina y ________ ha averiado.
4. Hoy no podemos comer en casa, ________ ha quemado la comida.
5. • ¿Qué te pasa?
   • Que ________ han perdido las llaves del coche y estoy buscándolas.
6. Al volver de Viena, ________ paró el coche y nos quedamos tirados en la carretera.
7. La comida está sosa, ¿es que ________ ha olvidado echarle sal? *(a ti)*
8. Al final de la película ________ hizo un nudo en la garganta de la emoción. *(a mí)*
9. Solo de pensar en el miedo que pasé, ________ ponen los pelos de punta.
10. Julián y Antonio tenían un gato, pero ________ escapó hace unos días.
11. Y a vosotros, ¿qué?, ¿________ ha pasado ya el enfado?
12. ¿A usted no ________ ha ocurrido pensar que a mí me molesta el humo?
13. ________ acaba de ocurrir una idea: ¿por qué no vamos de vacaciones a Galicia?

Aciertos: .... de 13

5. En estas frases hemos quitado estos pronombres. Colóquelos en su sitio.

las se (3) les me (4) nos te la lo le (2)

1. *Y las niñas, ¿no has visto?*
   Y las niñas, ¿no las has visto?
2. Ella todos los días despierta muy pronto.
   ____
3. A algunos no ha sentado bien el cambio de gobierno.
   ____
4. Aunque he tomado una aspirina, aún duele la garganta.
   ____
5. A nosotros no corresponde decir si hace bien o mal.
   ____
6. Debes hacer caso a tu madre, ella sabe lo que conviene.
   ____
7. ¿Qué pasa a esta puerta?, no puede abrir.
   ____
8. Este niño pasa el día metido en su habitación.
   ____
9. A mí no gustó la ciudad, encontré sucia.
   ____
10. Cuando vi al barbero, acerqué a saludar.
   ____

Aciertos: .... de 14

Ejercicios

6. Sustituya el pronombre marcado incorrecto por el adecuado.

1. *Me gustaría ir con ti al circo. Me gustaría ir **contigo** al circo.*
2. Volví la cabeza y no vi a nadie detrás de *yo*.
3. ¿Es que no te fías de *sí*?
4. Cuando volvió en *él*, preguntó por lo ocurrido.
5. ¿Vienes *con yo* a pasear?
6. No habéis contado *con nos* para ese proyecto.
7. Es demasiado exigente con los demás y *con sí* mismo.
8. Yo no me fío de nadie, ni siquiera de *yo* mismo.
9. Está tan ocupada que no tiene tiempo para dedicarse a *la* misma.
10. Yo pensaba que estabas enfadada *con mí*.
11. Entonces, según *ti*, ¿quién es el culpable de la crisis?
12. ¿Cómo pudiste irte sin *me*?
13. Vinieron todos a la fiesta excepto *ti*.
14. No he preparado la comida, pero tu padre o incluso *ti* podéis hacerlo.
15. Era guapa e inteligente, por eso él estaba enamorado de *sí*.
16. No necesitamos a nadie más, lo haremos entre *ti* y yo.
17. Salvo *ti*, todos lo criticaron a sus espaldas.
18. Para salvar el planeta hasta *ti* y yo tenemos que cambiar algunos hábitos.

Aciertos: .... de 17

TEMA 17 TOTAL aciertos: .... de 110

Tema 18

U EXPRESAR ENTENDIMIENTO Y PERCEPCIÓN

Los verbos de entendimiento y percepción	
Verbo afirmativo Imperativo negativo Verbo negativo interrogativo *Parecer, creer, suponer, recordar* *Decir, explicar, contar, afirmar, saber*	+ *que* + indicativo
No parecer, no creer, no suponer, no recordar *No decir, no explicar, no contar, no afirmar, no saber*	+ *que* + subjuntivo / indicativo

Uso

Indicativo

1 **Las oraciones que dependen de verbos que expresan entendimiento o percepción física o intelectual se usan con indicativo.**

Cuando la oración principal es afirmativa:

- ***Recuerdo que fuimos*** *a Asturias por Navidad.*

Cuando la oración principal es imperativa negativa:

- ***No creas que te vas*** *a salir con la tuya.*

Cuando la oración principal es negativa e interrogativa:

- *¿**No recuerdas que habíamos quedado** a las tres?*

Subjuntivo

1 **Las oraciones que dependen de verbos que expresan entendimiento o percepción física o intelectual se usan con subjuntivo:**

Cuando la oración principal es negativa:

- ***No suponía que estuvieras*** *en casa.*

Indicativo

1 **No obstante, se usa el indicativo cuando se habla de algo confirmado:**

- ***No recordaba que ya había pagado*** *el recibo del agua.*
- ***No sabía que te gustaba*** *tanto la música clásica.*

1. Complete estas frases con el verbo en el tiempo adecuado de indicativo.

1. *Lo oigo subir por la escalera y de pronto me doy cuenta de que ha estado allí todo el día. (estar, él)*
2. Al volver de las vacaciones, descubrieron que les ______________ *(robar)*
3. Recuerdo que esta película la ______________ hace unos dos meses. *(ver, nosotros)*
4. ¿Te acuerdas de cuando ______________ en las cataratas de Iguazú? *(estar, nosotros)*
5. Recordé que el domingo anterior ______________ en una fiesta y que ______________ muchísimo. *(estar, bailar, ellos)*
6. Ellos opinaban que las nuevas elecciones las ______________ los socialistas. *(ganar)*
7. Yo supuse que ______________ hablando de la nueva dirección. *(estar, ellos)*
8. Cuando tengo jaquecas, siento que la cabeza me ______________ a estallar. *(ir)*
9. No me acordé de que el banco ya ______________ horario de verano. *(tener)*
10. Al revisar mi bolsa, me di cuenta de que ______________ la sudadera en el gimnasio. *(dejarse)*
11. ¿No habías visto que los frenos del coche ______________ muy desgastados? *(estar)*
12. Todavía no se ha enterado de que su vecino ______________ el mes pasado. *(morir)*
13. Los investigadores no han descubierto en qué ______________ el experimento. *(consistir)*
14. ¿No sabes que ______________ dificilísimo entrar en esa universidad? *(ser)*
15. Ellos suponen que ______________ un soltero que viaja mucho. *(ser, yo)*

Aciertos: .... **de 15**

2. Complete estas frases con el verbo en el tiempo adecuado de subjuntivo.

1. *Yo nunca pensé que fuera a ocurrir algo malo. (ir)*
2. No creo que, antes de este asunto, ella ______________ de mí. *(sospechar)*
3. No suponía que los militares ______________ ayudando en estas circunstancias. *(estar)*
4. No recordamos que nuestros hijos nos ______________ malas noches cuando eran pequeños, siempre dormían estupendamente. *(dar)*
5. No creía que él ______________ la cara tan dura. Me ha pedido dinero otra vez. *(tener)*
6. No recuerdo que tú me ______________ ese libro. *(prestar)*
7. Nunca he visto que Fernando ______________ un detalle con nadie. *(tener)*
8. Yo no he notado que Ángela ______________. La veo igual que siempre. *(envejecer)*

Aciertos: .... **de 7**

3. Complete estas frases con los elementos del recuadro.

Entonces comprendí	Mi madre se convenció	No sabía	Yo no creía
No pensaba	No recuerdo	He observado	Supuse

1. *No pensaba que fueran tan importantes para ti esas vacaciones.*
2. ________________ que tú hayas estado en París alguna vez.
3. ________________ que no nos íbamos a entender.
4. ________________ que Florencia fuera tan bonita.
5. ________________ que ya no vendrías a verme hoy.
6. ________________ que su hijo no ve bien de lejos.
7. ________________ que Elena y Felipe estaban casados.
8. ________________ de que era mejor dejar a mi padre.

Aciertos: .... de 7

4. Complete las frases con uno de los verbos del recuadro en indicativo.

afectar	ir (2)	colocar	poder

1. *No creas que siempre te vas a salir con la tuya.*
2. No penséis que a mí este problema no me __________
3. No olvides que fui yo quien lo __________ ahí.
4. No te imagines que tú solo __________ hacerlo.
5. No creas que los Reyes Mayos __________ a traerte todo lo que pidas.

Aciertos: .... de 4

5. Complete estas frases con el verbo en el tiempo y modo más adecuados.

1. *No me imaginaba que estuviera tan enfadada. (estar)*
2. No creo que Julia ________________ todas las asignaturas en junio. *(aprobar)*
3. ¿Te he despertado? Pensaba que no ________________ todavía. *(acostarse)*
4. No comprendo que nunca ________________ dinero, con lo que ganan. *(tener)*
5. No creas que todo el mundo ________________ tan vago como tú. *(ser)*
6. Me enteré de que el verano pasado ________________ un accidente porque me lo dijo tu primo Juan. *(tener, tú)*
7. No pensaba que su marido ________________ tan bueno cocinando. *(ser)*
8. ¿Te has dado cuenta de que Marisa ________________ hoy más guapa? *(estar)*
9. No creía que los niños ________________ capaces de romper el patinete. *(ser)*
10. Ella no pensó que tú ________________ como lo has hecho. *(reaccionar)*
11. No recuerdo que tú me ________________ el domingo. *(llamar)*
12. Supongo que no ________________ inconveniente en hacerme ese favor. *(tener)*

Aciertos: .... de 11

TEMA 18 TOTAL aciertos: .... de 44

Tema 19

U LAS ORACIONES CONCESIVAS

Las oraciones concesivas	
Aunque, por más que, por mucho que, por poco que	+ indicativo / subjuntivo
Aun cuando	+ indicativo / subjuntivo
A pesar de	+ infinitivo
A pesar de que	+ subjuntivo
Por más, mucho, muy, poco	+ (adjetivo) + *que* + subjuntivo

Uso

Aunque, por más / mucho que

Las oraciones subordinadas concesivas introducidas por estos nexos pueden llevar el verbo en indicativo o subjuntivo.

Indicativo

1 Cuando hablamos del pasado:

- *Ayer, **aunque no tenía** ganas, salí a dar un paseo.*
- ***Por más que le insistí**, no quiso venir conmigo.*

Cuando hablamos del presente o futuro, y si el hablante está muy seguro, o si la concesiva indica una dificultad real:

- ***Aunque no tengo** ganas, voy a salir a dar un paseo.*
- ***Aunque hace** frío, no quiere encender la calefacción.*

Subjuntivo

2 Cuando hablamos del futuro, y si no estamos seguros, o cuando la concesiva indica una dificultad potencial:

- ***Aunque haga** frío, no encenderá la calefacción.*
- ***Por más que estudies** la semana próxima, no aprobarás.*

No obstante, se usa el subjuntivo en ocasiones en las que el hablante está seguro de la concesión, pero, aun así, él no la considera una dificultad real:

- ***Aunque me haya enfadado contigo**, yo te quiero.*
- ***Aunque haga frío**, yo quiero salir de todos modos.*

La concordancia de tiempos

3 El tiempo de la oración principal determina el tiempo de la oración subordinada:

- ***Aunque él sabía** la verdad, no nos **dijo** nada.*
- ***Aunque sabe / sepa** la verdad, no nos **dirá** nada.*
- ***Aunque supiera** la verdad, no nos **diría** nada.*
- ***Aunque hubiera sabido** la verdad, no nos **hubiera dicho** nada.*

A pesar de (que)

1 Se usa generalmente con infinitivo o indicativo:

- ***A pesar de llevar** veinte años en Madrid, conserva el acento andaluz.*
- ***A pesar de que llegó** tarde, nadie le dijo nada.*

Por muy / poco + (adjetivo) + que

1 Se usa con subjuntivo:

- ***Por muy barato que sea**, no lo compres.*
- ***Por muy barato que fuera**, no tenías que haberlo comprado.*

1. Transforme estas frases siguiendo el modelo.

1. *Por mucho que lo intento, no consigo animarlo.*
   Por mucho que lo intentes, no conseguirás animarlo.
2. Por mucho que lo lavo, no logro quitarle esa mancha al mantel.
   ____
3. Por mucho que se esfuerza, no aprueba todas las asignaturas.
   ____
4. Por mucho que le digo que se calle, no me hace caso.
   ____
5. Por mucho que corro, no llego nunca a tiempo.
   ____
6. Por mucho que como, no engordo.
   ____
7. Por mucho que le insisto, no quiere venir con nosotros.
   ____

Aciertos: .... de 6

2. Complete las frases con el verbo que va entre paréntesis, en indicativo.

1. *Aunque he ido varias veces allí, ya no recuerdo bien cómo se va. (ir, yo)*
2. Por más vueltas que le ____________, no comprendo cómo me ha podido pasar esto a mí. *(dar, yo)*
3. A pesar de que ________ veinte años, se comporta como un niño de diez. *(tener)*
4. Por más agua que ____________, nunca tiene bastante. *(beber, ella)*
5. Aunque ____________ poquísimo, siempre aparece relajada y contenta. *(dormir)*
6. Por más que le ____________, no dijo dónde había pasado las últimas cuarenta y ocho horas. *(preguntar, ellos)*
7. A pesar de todo lo que me __________ el otro día, no te guardo rencor. *(decir, tú)*
8. Por más que ____________ las entradas, no las encontramos por ninguna parte. *(buscar, nosotros)*
9. A pesar de que se lo ____________, al final fue a la cena sola. *(advertir, yo)*
10. Aunque ____________ que no ____________ hambre, nos volvió a servir. *(saber, él; tener, nosotros)*
11. A pesar de que ____________ muy enfermo del corazón, no para de trabajar. *(estar, él)*
12. A pesar de que nunca ____________ de su país, conoce bien las costumbres de distintos países del mundo. *(salir, ella)*

Aciertos: .... de 12

3. En las frases siguientes, haga la transformación según el modelo.

1. *Aunque parezca simpático, no te fíes de él.*
   Por muy simpático que parezca, no te fíes de él.

2. Aunque sea atractivo, no lo compres.

 ____

3. Aunque sea muy tarde, llámanos cuando llegues.

 ____

4. Aunque esté muy viejo, no lo tires.

 ____

5. Aunque sea muy guapo, no lo contratarán para esa película.

 ____

6. Aunque esté muy cansada, pasará por aquí después del trabajo.

 ____

7. Aunque vaya muy rápido, no llegará a tiempo.

 ____

Aciertos: .... de 6

4. Complete las frases con el verbo que va entre paréntesis en el tiempo adecuado de subjuntivo.

1. *No sé exactamente qué le pasa a tu hermano, pero aunque lo supiera, no te lo diría. (saber, yo)*
2. Aunque ____________ menos en esta empresa, yo sé que voy a estar a gusto. *(ganar, yo)*
3. Pensaba que, por mucho que ____________ , ya no vería otra vez su país. *(vivir, él)*
4. Por más que ____________ , no lograrás convencerla. *(insistir, tú)*
5. Por más que te ____________ , debes seguir y sacar tus conclusiones. *(doler)*
6. Por muy cómodo que ____________ ese sofá, no me lo puedo llevar, es grandísimo. *(ser)*
7. Por muy mal que lo ____________ , lo hará mejor que ella, que era pésima. *(hace, él)*
8. ¿Sabes ese refrán que dice: «Aunque la mona ____________ de seda, mona se queda»? *(vestirse)*
9. Si sigues comiendo tanto, por mucha gimnasia que ____________ , no adelgazarás. *(hacer, tú)*
10. Mi jefa estaba dispuesta a llegar hasta el final de la investigación, aunque le ____________ el puesto de trabajo. *(costar)*

Aciertos: .... de 9

5. Subraye el verbo adecuado.

1. *Aunque en aquel tiempo no quería / quiera reconocerlo, todavía no se había repuesto de su enfermedad.*
2. Por más antibióticos que le di / diera, no se le curó la infección.
3. Por muy increíble que te parece / parezca, yo nunca he estado en una discoteca.
4. Yo sabía que, por más que se empeñó / empeñara, nunca obtendría el título.
5. Aunque sabe / sepa que me molesta mucho, vuelve a casa cada día a las tantas.

6. A pesar de que les *dijeron / dijeran* que estaba enferma, no fueron a verla.
7. Aunque *es / fuera* el director general, no tiene derecho a pedirme que trabaje por dos.
8. Por más libros de Medicina que *he leído / leyera*, no he encontrado nada sobre esa enfermedad.
9. De pequeños, en invierno, aunque *hacía / haga* un frío horrible, teníamos que ir andando al colegio, que estaba a 5 km de nuestra casa.
10. Por mucho que *corres / corras*, ya no alcanzarás el autobús de las tres.
11. No le dije nada, pero aunque se lo *diga / dijera*, no serviría de nada.
12. Era muy inteligente: por muy difícil que *era / fuera* la pregunta, siempre encontraba la respuesta.
13. Yo, aunque no me *he casado / casara* nunca, he tenido varias relaciones estables.
14. A pesar de que el Gobierno *anunció / anuncie* la semana pasada que impondrá fuertes multas, seguirá habiendo fraude fiscal.
15. Aunque Juana y yo nos *conocemos / conociéramos* desde hace mucho tiempo, nunca hemos hablado íntimamente.
16. Por más que todos *dijeron / dijeran* el otro día que esa película era buenísima, yo la he visto y pienso que no es buena.
17. Aunque ella *era / sea* organizada, a veces se dejaba llevar por la imaginación.
18. Tú dijiste que, aunque *hacía / hiciera* mal tiempo, *iremos / iríamos* a la playa.

Aciertos: .... de 18

6. Reescriba las frases siguientes utilizando los conectores que aparecen entre paréntesis.

1. *No les gustaba mucho la casa, pero se la compraron. (aunque)*
   Aunque no les gustaba mucho la casa, se la compraron.
2. Había mucho tráfico, pero conseguí llegar a tiempo.
   ______________________________ *(a pesar de que)*
3. Estás aquí a las ocho en punto, pero no vamos a ir.
   ______________________________ *(aun cuando)*
4. No encuentra lo que busca, pero avíseme.
   ______________________________ *(aunque)*
5. Llovía, pero no fuimos al campo.
   ______________________________ *(por mucho que)*
6. Es muy rico, pero no lo parece.
   ______________________________ *(aunque)*
7. Me lo pide mi mejor amigo, pero no iré.
   ______________________________ *(aun cuando)*
8. Aprueba todo el curso, pero no iremos de vacaciones.
   ______________________________ *(aunque)*
9. Hay peligro en las carreteras, pero podremos salir de viaje.
   ______________________________ *(a pesar de que)*
10. Entré sin hacer ruido y me oyeron.
    ______________________________ *(por más que)*

Aciertos: .... de 9

TEMA 19 TOTAL aciertos: .... de 60

Tema 20

U LOS PREFIJOS Y SUFIJOS

Los prefijos de formación de adjetivos, nombres y verbos				
Pre	*A*	*In*	*Im*	*Re*
prenatal	*amoral*	*infeliz*	*imposible*	*rehacer*
previsión	*atípico*	*inmortal*	*imbebible*	*rehabilitar*
Ir	*Des*	*Dis*	*En*	
irreconocible	*descontento*	*discapacidad*	*envejecer*	
Irresponsable	*desconectar*	*disfunción*	*enrojecer*	

Los sufijos de formación de adjetivos			
able / ible	*-oso*	*-ivo*	*ente / ante*
amable	*caluroso*	*positivo*	*evidente*
disponible	*ruidoso*	*competitivo*	*estimulante*
-al	*-ico*	*-ario*	
legal	*psicológico*	*alimentario*	
habitual	*práctico*	*complementario*	

Los sufijos de formación de nombres						
-cia	*-dad*	*-ismo*	*-eza*	*-ción*	*-miento*	*-dor*
paciencia	*capacidad*	*oportunismo*	*rareza*	*petición*	*agotamiento*	*ganador*

USO

Prefijos

1 Para formar el contrario de algunos adjetivos se utiliza el prefijo *in-*, que se escribe de modo diferente *(i-, im-, in-, ir-)*, según cómo empiece el adjetivo:

- *lógico – **i**lógico*
- *cierto – **in**cierto*
- *posible – **im**posible*
- *responsable – **ir**responsable*

2 Con el prefijo *des-* se puede formar el contrario de numerosos verbos y adjetivos:

- *componer – **des**componer*
- *honesto – **des**honesto*

Sufijos

1 Para formar nombres abstractos, los sufijos más usados son *-cia, -dad / -tad, -ismo, -eza, -ción, -miento, -dor:*

- *paciente – la pacien**cia***
- *capaz – la capaci**dad***
- *oportuno – el oportun**ismo***
- *raro – la rar**eza***
- *pedir – la peti**ción***
- *agotar – el agota**miento***
- *ganar – el gana**dor***

Ejercicios

1. Complete según el modelo.

	-cia		-idad
1. *paciente*	*paciencia*	9. *capaz*	*capacidad*
2. inocente	______	10. honesto	______
3. violento	______	11. actual	______
4. resistente	______	12. fácil	______
5. ______	independencia	13. ______	clandestinidad
6. ______	inteligencia	14. ______	originalidad
7. ______	evidencia	15. ______	tranquilidad
8. preferente	______	16. feliz	______

	-eza		-ismo
17. *raro*	*rareza*	25. *oportuno*	*oportunismo*
18. limpio	______	26. compañero	______
19. firme	______	27. egoísta	______
20. perezoso	______	28. altruista	______
21. ______	belleza	29. ______	realismo
22. ______	riqueza	30. ______	idealismo
23. ______	certeza	31. ______	nerviosismo
24. duro	______	32. egocéntrico	______

Aciertos: .... **de 28**

2. Complete siguiendo el modelo.

	-miento		-encia
1. *pensar*	*pensamiento*	8. *creer*	*creencia*
2. aburrir	______	9. competir	______
3. mirar	______	10. insistir	______
4. sentir	______	11. obedecer	______
5. ______	entendimiento	12. ______	coincidencia
6. ______	movimiento	13. ______	competencia
7. ______	nacimiento	14. ______	preferencia

	-ción		-dor
15. *obligar*	*obligación*	22. *fumar*	*fumador*
16. construir	______	23. entrenar	______
17. aparecer	______	24. descubrir	______
18. informar	______	25. ______	emprendedor
19. ______	relajación	26. ______	investigador
20. ______	conducción	27. regular	______
21. ______	excitación	28. desmaquillar	______

Aciertos: .... **de 24**

3. Escriba los nombres correspondientes a los adjetivos que siguen.

1. *amable* — *amabilidad*
2. *legal* — *ley*
3. caluroso ____________
4. habitual ____________
5. histórico ____________
6. repetitivo ____________
7. conveniente ____________
8. ruidoso ____________
9. temible ____________
10. opcional ____________

Aciertos: .... de 8

4. Escriba el adjetivo correspondiente a los nombres. Utilice los sufijos *-able, -al, -ico, -oso, -ente, -ivo*.

1. *nación* — *nacional*
2. poder ____________
3. poesía ____________
4. filosofía ____________
5. odio ____________
6. imaginación ____________
7. influencia ____________
8. ofensa ____________
9. economía ____________
10. inteligencia ____________
11. recomendación ____________
12. hábito ____________
13. crimen ____________
14. representación ____________
15. profesión ____________
16. olor ____________
17. trato ____________
18. cariño ____________
19. rencor ____________
20. dolor ____________

Aciertos: .... de 19

5. Forme el contrario de los adjetivos que siguen. Utilice *-i, -ir, -im, -in*.

1. *lógico* — *ilógico*
2. útil ____________
3. legible ____________

4. potente ____________
5. permeable ____________
6. resistible ____________
7. capaz ____________
8. posible ____________
9. legal ____________
10. oportuno ____________
11. real ____________
12. sensato ____________
13. coherente ____________
14. moral ____________
15. experto ____________
16. presentable ____________

Aciertos: .... de 15

6. Complete las frases con un adjetivo o un verbo conjugado. Sobran cuatro.

desobediente descapotable desenchufar desembarcar desarmar desentrenadas desandar descolgar **desaparecer** desatascar deshonesto descomponer desconocidos

1. *Ganó al Euromillón 6 000 000 de euros y desapareció.*
2. ¿Estás seguro de que ____________ la tele?
3. Tenemos que llamar al fontanero para que ____________ el fregadero.
4. Las jugadoras han jugado fatal, estarán ____________, hace mucho que no juegan.
5. La profesora de Jaime me ha dicho que en clase es muy ____________
6. ¿Sabes que Cristina se ha comprado un coche ____________?
7. Los pasajeros del crucero tuvieron que ____________ apresuradamente porque se había recibido una amenaza de bomba.
8. Juan, ¿quieres hacer el favor de ____________ ese cuadro? Voy a cambiarlo de sitio.
9. Nos hemos equivocado de camino, me temo que tenemos que ____________ lo que hemos recorrido hasta ahora.

Aciertos: .... de 8

7. Complete según el modelo.

1. *sobrevivir*	*supervivencia*	*superviviente*
2. ____________	aislamiento	____________
3. confiar	____________	____________
4. recomendar	____________	____________
5. impresionar	____________	____________
6. ____________	resistencia	____________
7. ____________	depresión	____________
8. ____________	____________	vidente
9. ansiar	____________	____________

10. ________	________	saliente
11. prever	________	________
12. ________	________	presente
13. traicionar	________	________
14. liberar	________	________
15. ________	________	receptor
16. reservar	________	________

Aciertos: .... de 30

8. Complete las frases siguientes con una de las palabras del ejercicio anterior.

1. *Maribel todavía no se ha repuesto de la* impresión *que le causó el accidente que vio en la carretera.*
2. El juez ha decretado la ________ bajo fianza del acusado.
3. La llave de la habitación tienes que dejarla en ________ cuando salgas del hotel.
4. El tiempo ________ para mañana es de tormentas en la montaña.
5. Después de separarse de su mujer, ha caído en una fuerte ________ . Nada le hace reaccionar.
6. Le gusta mucho ir a la ________ para que le pronostique el futuro.
7. Yo tengo plena ________ en mis hijos.

Aciertos: .... de 6

9. Diga de qué nombres o adjetivos se derivan los verbos siguientes.

1. *enmudecer* mudo
2. envejecer ________
3. tranquilizar ________
4. revolucionar ________
5. independizar ________
6. anochecer ________
7. cristalizar ________
8. utilizar ________
9. fortalecer ________
10. rejuvenecer ________
11. gotear ________
12. adelgazar ________
13. engordar ________
14. clarificar ________
15. entristecer ________

Aciertos: .... de 14

TEMA 20 TOTAL aciertos: .... de 153

Tema 21

U LAS FRASES HECHAS

Ejemplos de expresiones	
Tirar por la borda	*Pasarse el día mano sobre mano*
Mirar a alguien por encima del hombro	*Estar con el agua al cuello*
No dar ni golpe	*Hablar por los codos*
Dar la lata	*Hacer la vista gorda*
Tirarse de los pelos	*Dar en el clavo*

USO

Las frases hechas y expresiones idiomáticas, junto con los refranes, proverbios y aforismos, tienen forma fija y sentido figurado. Son muy usados y son tan numerosos que conviene comprobar su significado para utilizarlos adecuadamente.
Pueden tener una relación temática:

1 Animales o alimentos:

Haber gato encerrado	*Haber algo oculto o sospechoso*
Estar como una cabra	*Estar loco*
Tener memoria de pez	*No tener memoria*
Tener mala leche	*Tener mal carácter*
Importar un pepino/pimiento	*No importar nada*
Ser la pera	*Ser excepcional*

2 Colores o partes del cuerpo:

Quedarse en blanco	*No saber qué decir*
Ponerse negro	*Enfadarse*
No haber color	*No haber comparación*
Costar un ojo de la cara	*Ser muy caro*
Ser como uña y carne	*Ser inseparables*
Tomar el pelo	*Reírse/burlarse de alguien*

1. Relacione cada expresión con su significado.

1. *Tener la sartén por el mango.*	a. *Tener el poder.*
2. Tener mala pata.	b. No trabajar.
3. Hacer la vista gorda.	c. Literalmente.
4. No dar golpe.	d. Tener mucho cuidado.
5. Dar la lata.	e. Esconder un asunto feo.
6. Ir con pies de plomo.	f. No tener en cuenta alguna falta.
7. Al pie de la letra.	g. No tener suerte.
8. Echar tierra a algo.	h. Molestar insistentemente.

Aciertos: .... de 7

2. Sustituya las expresiones subrayadas por otras en las que no aparezca el verbo *echar*. Haga las transformaciones necesarias.

1. *Vamos a echar a suertes quién se encarga de hacer la comida hoy.*
   Vamos a sortear quién se encarga de hacer la comida hoy.
2. Cuando llegó a su casa, echó en falta la cartera y las llaves del coche.
   ....
3. No te olvides de echar el cerrojo antes de acostarte.
   ....
4. Ella, muy enfadada, le echó una mirada fulminante.
   ....
5. Para cerrar el trato, eche una firma aquí.
   ....
6. Él, si no se echa una hora de siesta, se pone de mal humor.
   ....
7. Será mejor que tires todo el pescado a la basura. Parece que está echado a perder.
   ....
8. Mira a ver si hay una gasolinera cerca, tenemos que echar gasolina ya.
   ....
9. ¡Cómo pasa el tiempo!, sin darnos cuenta se nos han echado encima las Navidades.
   ....

Aciertos: .... de 8

3. Complete las frases que siguen con una de las expresiones del recuadro.

pillar (a alguien) con las manos en la masa — **al pie del cañón** — con pelos y señales — hacérsele (a alguien) la boca agua — de boca en boca — costar un ojo de la cara — caérsele (a alguien) el pelo — no tener ni pies ni cabeza — tener pelos en la lengua — dar pie con bola

1. *Sofía en su trabajo no descansa nunca, está todo el día al pie del cañón.*
2. Cuando llegó la policía, los ladrones no habían salido y los ______________________________
3. A mi madre no le importa decir siempre lo que siente, no ______________________________
4. A mucha gente, cuando ve el escaparate de una pastelería, ______________________________
5. La prensa fue silenciada y las noticias de la rebelión se propagaron ______________________________
6. Bueno, no hace falta que nos cuentes esa historia tan macabra ______________________________
7. Cuando tu madre se entere de que has suspendido cinco asignaturas, prepárate, ______________________________
8. Eso que cuentas es absurdo, ______________________________
9. No sé qué me pasa hoy, nada me sale bien, no ______________________________
10. ¡Chica, qué coche tan impresionante te has comprado!, seguro que te ______________________________

Aciertos: .... de 9

4. Lea las 9 frases y elija la frase hecha correspondiente.

Ponte las pilas. Está tirado. No me tomes el pelo.
Me importa un pepino. **Está como una cabra.**
Me pongo como un tomate. Ha metido la pata.
No hay color. Es un pelota.

1. *Este chico está completamente loco. Está como una cabra.*
2. Puedes hacer lo que quieras, me da igual. ______________________________
3. Lo paso mal cuando veo a alguien que me gusta. ______________________________
4. Tu hermano ha cometido un error. ______________________________
5. No se puede comparar, este es mucho mejor. ______________________________
6. No te rías de mí. ______________________________
7. Si quieres llegar a tiempo, date prisa. ______________________________
8. Siempre le dice a su jefe que tiene razón. ______________________________
9. Este ejercicio es muy fácil. ______________________________

Aciertos: .... de 8

5. Averigüe qué significan las expresiones siguientes y escriba un ejemplo de cada una.

1. *Hablar (hasta) por los codos: Hablar mucho.*
   El profesor ha castigado a Miguel porque en clase habla por los codos.
2. Buscarle tres pies al gato.
3. En pie de guerra.
4. No tener un pelo de tonto.
5. Tomar el pelo.
6. Levantarse con el pie izquierdo.
7. Tener malas pulgas.
8. Ser un caradura.
9. Estar con el agua al cuello.
10. Matar el tiempo.
11. Sentar la cabeza.
12. Metérsele en la cabeza.
13. Dar en el clavo.

Aciertos: .... de 12

TEMA 21 TOTAL aciertos: .... de 44

Tema 22

U LA ACENTUACIÓN

La acentuación de las palabras		
Clasificación de las palabras según el lugar de la sílaba tónica		
● ○ ○	○ ● ○	○ ○ ●
Esdrújulas	Llanas	Agudas
música	*árbol*	*calor*
médico	*examen*	*preguntar*
periódico	*crisis*	*café*
sílaba	*ventana*	*quizás*
árboles	*aceituna*	*casualidad*
régimen	*fácil*	*canción*

Diptongo: vocal abierta + vocal cerrada: ***bai-le, rei-no, au-llar***
vocal cerrada + vocal abierta: ***a-vión, a-gua, fre-cuen-cia***
vocal cerrada + vocal cerrada: ***ciu-dad, rui-na, rui-se-ñor***

Hiato: vocal abierta + vocal abierta: *ví-de-o*
vocal cerrada tónica + vocal abierta: *rí-o*

Uso

En español, las palabras pueden ser **tónicas** o acentuadas -cuando una de sus sílabas sobresale en intensidad-, o **átonas** o inacentuadas, si ninguna sílaba es más intensa que el resto.

Son **palabras tónicas**: los nombres, adjetivos, verbos, algunos adverbios y algunos pronombres.

Son **palabras átonas**: algunos pronombres, algunos adverbios, los artículos, preposiciones y conjunciones, ya que en la cadena hablada se pronuncian apoyándose en la palabra siguiente:

- *el árbol; con amor; cuando quieras*

Ubicación de la sílaba tónica

1. Agudas, cuando la sílaba tónica es la última: *Profesor, bebé, amistad*
2. Llanas, cuando la sílaba tónica es la penúltima: *Flores, enfermo, hábil*
3. Esdrújulas, cuando la sílaba tónica es la antepenúltima o la anterior a esta: *Teléfono, política, crítica*

Reglas de acentuación

1. Las palabras agudas llevan tilde si acaban en vocal, en *-n* o en *-s*:
   - *habló, recepción, comí, chalé, atención, cafés.*
2. Las palabras llanas llevan tilde si acaban en una consonante diferente de *-n* o *-s*:
   - *fácil, mármol, González, cárcel.*
3. Las palabras esdrújulas deben llevar tilde siempre:
   - *ácido, fúnebre, óptimo, legítimo.*

Monosílabos

1 **Las palabras monosílabas no llevan tilde, excepto en el caso en que puedan confundirse con otras monosílabas con diferente función:**

té (nombre)

- *A mí no me gusta mucho el* ***té****.*

te (pronombre personal)

- *Alba,* ***te*** *quiero.*

sí (pronombre y adverbio)

- *Vive muy encerrado en* ***sí*** *mismo.*
- *¿Quieres correr?*
- ***Sí****, ya voy.*

si (conjunción condicional)

- ***Si*** *quieres comer, ven ahora mismo.*

dé (verbo *dar*)

- *Dile que te* ***dé*** *el cuaderno.*

de (preposición)

- *¿****De*** *dónde vienes?*

sé (verbo *saber* y *ser*)

- *No* ***sé*** *nada.*
- ***Sé*** *buen chico.*

se (pronombre personal)

- ***Se*** *llama Felipe.*

mí (pronombre)

- *¿Esto es para* ***mí****?*

mi (posesivo)

- ***Mi*** *coche está aparcado ahí.*

tú (pronombre)

- *¿Eres tú el hijo de Lorena?*

tu (posesivo)

- *Es tu problema, pero te puedo ayudar.*

él (pronombre)

- *¿Él no quiere comer?*

el (artículo)

- ***El*** *cartero ha traído esto.*

qué (interrogativo)

- *Dime qué quieres.*

que (conjunción o relativo)

- *Sé que tienes mucho talento.*
- *El vestido que lleva Carolina me encanta.*

Interrogativos y relativos

1 **cuándo, dónde, cómo, cuánto** (interrogativos)

- *¿Cuándo y dónde te vas de vacaciones?*

2 **cuando, donde, como, cuanto** (relativos)

- *Iré cuando les venga bien.*
- *Haz como quieras: puedes venir cuando hayas acabado este trabajo.*

Diptongo e hiato

1 Las vocales se pueden agrupar en forma de diptongo (dos vocales, una abierta y una cerrada, o dos vocales cerradas) y forman una sola sílaba:

- *far-ma-**cia**, **pei**-ne, se-cre-ta-**ria**, a-**gua**.*

2 Si el acento fónico recae sobre la vocal cerrada, se deshace el diptongo y tenemos un hiato. La vocal sobre la que recae el acento lleva tilde en todos los casos, aunque no le corresponda según las reglas de acentuación:

- *rí-**o**, se-cre-ta-rí-**a**, **pa**-ís.*

3 También se considera hiato la combinación de dos vocales abiertas. En este caso, se siguen las reglas de acentuación ordinarias:

- ***ca**-ó-ti-co, **le**-ón, hé-**ro**-**e**.*

Palabras compuestas

Las palabras compuestas llevan tilde en los siguientes casos:

1 Verbo + pronombre.

La palabra resultante de la unión de un verbo y un pronombre sigue las normas generales de acentuación:

- *Deme esos papeles* (palabra llana).
- *Démelos, por favor* (palabra esdrújula).

2 Adverbios en *-mente*.

Llevan tilde si el adjetivo original la lleva.

Fácil + mente ⟶ **fácilmente**

Interrogativos y exclamativos

1 Los pronombres, adjetivos y adverbios interrogativos o exclamativos llevan tilde, tanto en oraciones interrogativas directas como indirectas:

- *¿**Cuándo** vendrá Ángeles?*
- *Pregúntale **dónde** vive.*
- *Dile **cómo** te llamas.*
- *No sé **cuánto** vale.*

Ejercicios

1. Lea en voz alta y subraye la sílaba que se pronuncia más fuerte. Ponga la tilde. Escriba el criterio con el que las palabras están agrupadas.

1. *arroz*	*reloj*	*rapidez*	*cartel*	*verdad*	*receptor*

Son todas agudas y no llevan tilde porque ninguna termina en vocal, n o s.

2. minimo	organo	tipico	escribelo	video	cardiologo
3. volvieron	vino	olvido	opio	bigote	hablo
4. vendria	rio	heroina	Maria	ahi	mio
5. tambien	nacion	despues	detras	volvio	alli
6. lapiz	util	automovil	dificil	Perez	marmol

Aciertos: .... de 30

2. Separe en sílabas estas palabras y señale los hiatos y diptongos.

1. *radio, ra-dio. Diptongo.*
2. persiana
3. diciembre
4. alegría
5. óleo
6. cruel
7. guion
8. paella
9. opio
10. escuela
11. oído
12. cliente
13. peine
14. vuelvo
15. país
16. lío
17. infiel
18. actuación
19. correos

Aciertos: .... de 18

3. Piense qué tipo de palabras son las siguientes y si llevan tilde o no.

1. *calor. Aguda, sin tilde.*
2. azul ______
3. calido ______
4. regimen ______
5. examen ______
6. detras ______
7. carnaval ______
8. pan ______
9. fue ______
10. arboles ______
11. japones ______
12. japonesa ______
13. rapidez ______
14. tomaron ______
15. canciones ______
16. libreria ______
17. pildora ______
18. caracter ______
19. bebio ______
20. renovar ______
21. nariz ______
22. estupido ______
23. tuvo ______
24. tipico ______
25. sofa ______

Aciertos: .... de 24

4. En las frases siguientes hemos quitado las tildes. Escríbalas.

1. • *¿Quieres venir conmigo?*
   • *Sí, ahora voy.*
2. Sal a la calle para que te de el aire.
3. Hablame de Daniel, hace mucho que no se nada de el.
4. A mi no me han traido nada los Reyes Magos.
5. Toma, esto es para ti y esto para mi.
6. El que haya terminado de leer el articulo que levante la mano.
7. ¿Te has tomado el te?
8. Trabaja con el en el mismo edificio.
9. Yo lo se porque el mismo me lo ha dicho.
10. Si tienes prisa, cuando el operado vuelva en si, te puedes ir.
11. Yo creo que si que me ha visto, pero no ha querido saludarme.
12. Antes de marcharse de su casa, su abuela le dijo: «Se siempre tu misma».

Aciertos: .... de 11

5. En las frases siguientes acentúe las palabras subrayadas que lo necesiten.

1. *¿Con cuánto dinero te has quedado?*
2. El que sepa la verdad, que la diga.
3. No sé que le pasa.
4. Hazlo como yo te digo.
5. ¿El pueblo en el que naciste está cerca de aquí?
6. Dime que has hecho en toda la mañana.
7. ¿Sabes que te he estado buscando?
8. Yo no sé que quieres.

Ejercicios

9. ¡Que tengas suerte!
10. ¿El hotel donde habéis estado es muy caro?
11. ¡Que desastre!
12. Cuando llegues, escribe o llama por teléfono.
13. ¿En que hotel habéis estado?
14. ¿Conoces algún sitio donde podamos comer bien?
15. Pregunta quien ha llegado primero.
16. No sé por que tienes las ventanas cerradas.
17. En cuanto venga el médico, le diré que pase por su casa.
18. Pregúntales donde han estado de vacaciones.
19. ¿Que dices? ¿Que yo no sé conducir? Tú sí que no tienes ni idea.
20. ¿Quien ha dicho que mañana no hay clase?
21. Dice el refrán que: «Quien bien te quiere, te hará llorar».

Aciertos: .... de 25

6. En las frases siguientes, acentúe las palabras que lo necesitan.

1. *Si puede, mañana Eugenia irá a tu casa.*
2. No olvideis que teneis que estudiar la leccion.
3. Aunque tuvieramos razon, tendriamos que callarnos.
4. Antes escribia siempre con boligrafo, pero ahora prefiero el ordenador.
5. El primer libro que leyo fue *Las mil y una noches*.
6. El creia que yo tenia la culpa del accidente.
7. Todavia no se puede hablar de exito o fracaso.
8. Actualmente los embalses estan llenos del agua caida durante el invierno.
9. Dejame tu boligrafo, no se donde he puesto el mio.
10. ¡Que calor hace aqui!
11. ¿Conoceis el ultimo tema de Pablo Alborán?
12. El niño saludo timidamente cuando se lo pidieron.
13. Miralo, alli esta el coche de Sara.
14. La vegetacion en la parte sur es mas frondosa y agradable.

Aciertos: .... de 32

7. Acentúe las palabras que lo requieran.

1. invitacion	*invitación*	10. abogados	________
2. nordico	________	11. tren	________
3. hipotesis	________	12. increible	________
4. oir	________	13. habitacion	________
5. autor	________	14. jamas	________
6. gracias	________	15. salis	________
7. ridiculo	________	16. linea	________
8. pajaros	________	17. almacen	________
9. comite	________	18. teoria	________

19. ciudad ______
20. miedo ______
21. carcel ______
22. simbolo ______
23. maquina ______
24. llovio ______
25. avisar ______
26. debia ______
27. museo ______
28. pidio ______
29. ibais ______
30. crimen ______

Aciertos: .... de 29

8. En los párrafos siguientes, acentúe las palabras que lo requieran.

a. Cuando vivia en Valencia, vino a verme un colega que se llamaba Andres Gonzalez. Llego para un dia, pero estuvimos hablando todo un fin de semana. Me caia bien, asi que le invite a tocar la guitarra conmigo. Aquel fue su debut, en un cafe. Su actuacion fue tan intensa que parecia estar dejando atras toda su vida. Toco cinco canciones sin mirar atras ni una sola vez.

b. Mi hija Paula entro en coma el 6 de diciembre de 1991 y murio exactamente un año despues. Durante el tiempo que permaneci a su lado en un hospital de Madrid, llene varios cuadernos con todo lo que pensaba contarle cuando despertara... Cuando despues de morir mi hija, llego ese dia, me hallaba todavia en estado de «shock». Mi nuera, mi hijo y mi marido me dijeron: «Sientate y escribe cualquier cosa, porque, al menos, seran unas horas sustraidas al llanto». (Isabel Allende, en *Blanco y Negro*).

c. El escritor Gabriel Garcia Marquez habia experimentado una mala racha de cuatro años y no habia conseguido publicar ni una sola obra literaria. Un dia se fue de vacaciones con su mujer y sus dos hijos. Entonces, en la carretera entre Ciudad de Mexico y Acapulco, descubrio para su sorpresa que era capaz de recitar palabra por palabra el libro que habia querido escribir desde que tenia 15 años. [...] «*Cien años de soledad* fue como una explosion», recuerda. «Cuando escribi mis libros siempre tuve la sensacion de que faltaba algo, pero no sabia el que. Solo sabia que queria escribir un libro en el que pasase de todo». (*El País*).

Aciertos: .... de 41

TEMA 22 TOTAL aciertos: .... de 210

Concordancia de tiempos verbales entre oración principal y oración subordinada en subjuntivo

1. Regla general

Oración principal	Oración subordinada
Condicional simple	**Pretérito imperfecto de subjuntivo**
Me gustaría	*que vinieras a mi casa.*
No trabajaría ahí	*aunque me pagaran bien.*
Me compraría el coche	*si tuviera bastante dinero.*

2. Oraciones finales *(para que...)*

Oración principal	Oración subordinada
• **Presente** **Pretérito perfecto compuesto** **Futuro**	**Presente de subjuntivo**
Vengo / He venido / Iré	*para que me devuelvan el dinero.*
• **Pretérito perfecto compuesto** **Pretérito perfecto simple** **Pretérito imperfecto** **Pretérito pluscuamperfecto**	**Pretérito imperfecto de subjuntivo**
He venido / Vine / Venía / Había venido	*para que me devolvieran el dinero.*

3. Oraciones adjetivas de relativo

Oración principal	Oración subordinada
• **Presente** **Pretérito perfecto compuesto** **Futuro**	**Presente de subjuntivo**
No veo / he visto / veré a nadie	*que tenga el pelo blanco.*
• **Pretérito perfecto compuesto** **Pretérito imperfecto** **Pretérito perfecto simple** **Pretérito pluscuamperfecto**	**Pretérito imperfecto de subjuntivo** **Pretérito pluscuamperfecto de subjuntivo**
Han buscado / Buscaban / Buscaron / *Habían buscado a alguien*	*que tuviera el pelo blanco /* *que hubiera visto al asesino.*

4. Oraciones sustantivas *(Me gusta que... Es mejor que... Estoy harto de que... No creo que...)*

Oración principal	Oración subordinada
• **Presente** **Pretérito perfecto compuesto**	**Presente de subjuntivo** **Pretérito perfecto de subjuntivo** **Pretérito imperfecto de subjuntivo** **Pretérito pluscuamperfecto de subjuntivo**
No estoy / No he estado seguro de	*que vengan.* *que hayan venido.* *que vinieran.* *que hubieran venido.*
• **Pretérito perfecto compuesto** **Pretérito imperfecto** **Pretérito perfecto simple** **Pretérito pluscuamperfecto**	**Pretérito imperfecto de subjuntivo** **Pretérito pluscuamperfecto de subjuntivo**
No he estado / No estaba / No estuve / *No había estado seguro de*	*que vinieran.* *que hubieran venido.*
• **Futuro imperfecto**	**Presente de subjuntivo**
Será mejor	*que vuelvas pronto.*

EJERCICIOS COMPLEMENTARIOS SOBRE TEXTOS NARRATIVOS

1. Ponga el verbo que aparece entre paréntesis en el tiempo y modo más adecuados.

a José Espinosa es fotógrafo de turistas, trabaja en la isla de Tabarca, cerca de Alicante. José Espinosa, Pepe *el Foto*, *(llegar)* 1_________ a la isla hace 22 años. Le *(acompañar)* 2_________ su mujer y sus tres hijos, sus cámaras fotográficas y poco más. *(Venir)* 3_________ dispuesto a poner en práctica un método revolucionario recién aprendido en Barcelona: el revelado rápido. «*(Empezar, yo)* 4_________ a utilizarlo en bodas y comuniones, primero en Barcelona y luego en Alicante. *(Ser)* 5_________ un buen negocio, porque *(comprar)* 6_________ el padrino, la madrina, los novios y los invitados, sin importarles el precio». Cuando *(establecerse)* 7_________ en la isla, los visitantes *(llegar)* 8_________ los martes, jueves y sábados a bordo de una barca que *(salir)* 9_________ de Santa Pola. Antes del mediodía *(tener, ellos)* 10_________ que abandonar la isla. Recuerda el fotógrafo que en los primeros años del negocio *(vender)* 11_________ todas las fotos que *(hacer)* 12_________ y le *(pedir)* 13_________ copia. Ahora, aunque el número de turistas *(multiplicarse)* 14_________, ya no *(comprar)* 15_________ todas las fotos. «Desde hace 10 años el negocio *(cambiar)* 16_________ mucho y ahora *(sacar, nosotros)* 17_________ el sueldo y poco más».

El País *(extracto)*.

b Yo *(estar)* 18_________ jugando a las chapas con mi hermano pequeño delante de la puerta de casa cuando el hombre *(aparecer)* 19_________ (...).
El recién llegado no *(tener)* 20_________ un aspecto amenazador, pero por si acaso, *(coger, yo)* 21_________ de la mano a mi hermanito.
Al oírme llamar a mi madre, *(dar, él)* 22_________ un respingo. *(Extender, él)* 23_________ hacia mí un dedo tembloroso y dijo:
-Tú debes de ser mi hija.
(Quedarse, yo) 24_________ estupefacta. Por las medias palabras que *(ir)* 25_________ cogiendo de aquí y de allá, yo *(pensar)* 26_________ que mi padre *(andar)* 27_________ por América. Pero por lo visto no *(ser)* 28_________ así, ahora resultaba que mi padre *(ser)* 29_________ militar y que *(venir)* 30_________ de la guerra, porque de ahí *(ser)* 31_________ de donde *(venir)* 32_________ todos los soldados, ahí era a donde *(irse)* 33_________ cuando *(abandonar)* 34_________ sus hogares, yo lo *(ver)* 35_________ mil veces en las películas de la tele y en el cine del pueblo: los hombres *(irse)* 36_________ a la guerra y las niñas *(quedarse)* 37_________ en las casas esperando. Cómo no se me *(ocurrir)* 38_________ antes esa explicación, por eso *(marcharse)* 39_________, ahora todo resultaba lógico y *(estar)* 40_________ claro.
-He vuelto -dijo el hombre.
(Parecer, a mí) 41_________ una frase tonta e innecesaria, pero se la *(perdonar)* 42_________ porque *(estar)* 43_________ dispuesta a empezar bien la relación.

Un cuento triste (fragmento). Rosa Montero. *El País semanal.*

c *(Nacer, yo)* 44_________ en el centro de Sevilla, en un corral típico que *(llamarse)* 45_________ el «Corral trompero». La verdad es que *(formar, nosotros)* 46_________ una gran familia. Mi padre *(trabajar)* 47_________ en lo que *(poder)* 48_________, como todos los andaluces. *(Ser)* 49_________ albañil, vendedor ambulante, fotógrafo y hasta bombero, porque en Andalucía la posguerra *(ser)* 50_________ durísima. Recuerdo haber pasado muchísimas necesidades, aunque no *(conocer)* 51_________ el hambre, ya que pan para migar *(haber)* 52_________ en cualquier sitio. Sin embargo, *(conservar, yo)* 53_______ el sabor de una infancia feliz, rodeada de cariño, con aquellos patios de flores y aquellos olores que todavía *(llevar)* 54_________ dentro.
... Hasta que un día mi padre *(comprar)* 55_________ una radio. (...)
... Mientras las otras niñas *(jugar)* 56_________, yo *(bailar)* 57_________ en un rincón de la cocina. Y lo *(hacer)* 58_______ como me *(salir)* 59_________, porque nunca *(ver)* 60_________ bailar a nadie. *(Vivir)* 61_______ en un barrio del centro de Sevilla donde no *(haber)* 62_________ manifestaciones artísticas, como en Triana o en la Macarena. (...).
Y yo *(seguir)* 63_________ bailando sin que me *(ver)* 64_________ nadie, porque me *(dar)* 65_______ una vergüenza terrible.

Entrevista a Cristina Hoyos (fragmento). *Blanco y Negro.*

d Laura, una joven ejecutiva, *(deber)* 66_________ trasladarse hace unas semanas de Bogotá a Frankfurt en viaje de negocios. En vísperas del viaje la *(llamar)* 67_________ una querida amiga de la infancia que *(casarse)* 68_________ pocos días antes tras un noviazgo relámpago.
-Necesito pedirte un favor -le dijo-. Jorge, mi marido, *(deber)* 69_______ enviarle un encargo a su hermana, que *(vivir)* 70_________ en Frankfurt. No es nada que *(ocupar)* 71_________ espacio, no te preocupes: un paquete que *(pesar)* 72_________ poco y *(ser)* 73_________ más pequeño que un libro.
Laura *(aceptar)* 74_________ con todo gusto, encantada de hacerle un favor a su amiga: *(llevar)* 75_________ el paquete de Jorge a su hermana. Horas antes de su salida, la amiga *(acercarse)* 76_________ a su casa y le *(entregar)* 77_________ el objeto. A punto de despedirse le *(comentar)* 78_______:
-No *(tener)* 79_________ ni idea de qué *(ser)* 80_________ lo que *(ir)* 81_________ allí. Son cosas de Jorge y su hermana. Pero, al entregármelo, él me *(recomendar)* 82_________ que no lo *(abrir)* 83_________, porque *(poder)* 84_________ ser muy desagradable.

Un paquete para Laura. Daniel Samper Pizano. Dominical de *Diario 16.*

2. **Complete el cuento escribiendo en los huecos uno de los verbos del recuadro en el tiempo y modo adecuado.**

La tortuga gigante

tener dar enfermar (2) vivir ser haber estar poder querer decir (2)

1__________ una vez un hombre que 2__________ en Buenos Aires y 3__________ muy contento porque 4__________ un hombre sano y trabajador. Pero un día 5__________, y los médicos le 6__________ que solamente yéndose al campo 7__________ curarse. Él no 8__________ ir, porque 9__________ hermanos chicos a quienes 10__________ de comer; y 11__________ cada día más. Hasta que un amigo suyo, que era director del zoológico, le 12__________ un día:

querer ser (2) irse tener dar curarse cazar poder

-Usted 13__________ amigo mío, y 14__________ un hombre bueno y trabajador. Por eso 15__________ que 16__________ a vivir al monte, a hacer mucho ejercicio al aire libre para 17__________ . Y como usted 18__________ mucha puntería con la escopeta, 19__________ bichos del monte para traerme los cueros, y yo le 20__________ plata adelantada para que sus hermanitos 21__________ comer bien.

irse aceptar hacer (3) cocinarse comer (2) dormir vivir construir cazar

El hombre enfermo 22__________, y 23__________ a vivir al monte, lejos. 24__________ allá mucho calor, y eso le 25__________ bien. 26__________ solo en el bosque, y él mismo 27__________ . 28__________ pájaros y bichos del monte, que 29__________ con la escopeta, y después 30__________ frutas. 31__________ bajo los árboles, y cuando 32__________ mal tiempo 33__________ en cinco minutos una ramada con hojas de palmera.

tener (4) lanzarse lanzar cazar estar ver hacer romper apuntar querer

El hombre 34__________ otra vez buen color, 35__________ fuerte y 36__________ apetito. Precisamente un día en que 37__________ mucha hambre, porque 38__________ dos días que no 39__________ nada, 40__________ a la orilla de una gran laguna un tigre enorme que 41__________ comerse una tortuga. Al ver al hombre, el tigre 42__________ un rugido espantoso y 43__________ de un salto sobre él. Pero el cazador, que 44__________ una gran puntería, le 45__________ entre los ojos y le 46__________ la cabeza.

ir ser (2) tener (2) estar pesar acercarse ver sentir llevar (2) vendar sacar

-Ahora -se dijo el hombre- 47_________ a comer tortuga, que 48_________ una carne muy rica. Pero cuando 49_________ a la tortuga, 50_________ que 51_________ ya herida, y 52_________ la cabeza casi separada del cuerpo. A pesar del hambre que 53_________, el hombre 54_________ lástima de la pobre tortuga y la 55_________ arrastrando con una soga hasta su ramada y le 56_________ la cabeza con tiras de tela que 57_________ de su camisa. La 58_________ arrastrando, porque la tortuga 59_________ inmensa, tan alta como una silla, y 60_________ como un hombre.

pasar curar sanar dar quedarse

La tortuga 61_________ arrimada a un rincón, y allí 62_________ días sin moverse.
El hombre la 63_________ todos los días, y después le 64_________ golpecitos con la mano sobre el lomo.
La tortuga 65_________ por fin.

Adaptado de Horacio Quiroga.

3. Complete el texto con uno de los verbos del recuadro en el tiempo adecuado.

Mario Vargas Llosa

presentarse obtener (3) ser (2) aparecer nacer publicar residir vivir comenzar doctorarse licenciarse cursar

Mario Vargas Llosa 1_________ en Arequipa, Perú, en 1936. 2_________ sus primeros estudios en Cochabamba, Bolivia, y los secundarios en Lima y en Piura. 3_________ en Letras en la Universidad de San Marcos de Lima y 4_________ por la de Madrid. 5_________ durante algunos años en París y posteriormente en Londres y Barcelona.
Su carrera literaria 6_________ con la publicación de la novela *La ciudad y los perros*, que 7_________ el «Premio Biblioteca Breve» de 1962 y el «Premio de la Crítica» de 1963 y que 8_________ casi inmediatamente traducida a una docena de lenguas. En 1965 9_________ su segunda novela, *La casa verde*, que 10_________ asimismo el «Premio de la Crítica» de 1966 y el «Premio Internacional de Literatura Rómulo Gallegos» a la mejor novela en lengua española publicada en los cinco últimos años precedentes, en 1967. 11_________ también *Conversación en La Catedral* (1969); *Pantaleón y las visitadoras* (1973); *La guerra del fin del mundo*; 12_________ autor de varias obras de teatro y numerosos ensayos, el más famoso *Gabriel García Márquez: historia de un deicidio.*
Después de una breve incursión en la política - 13_________ como candidato para la presidencia de Perú y fue derrotado- 14_________ la nacionalidad española y 15_________ en nuestro país desde 1995.

4. En el texto que va a leer hemos suprimido algunos verbos y nexos. Rehaga el texto con la ayuda de la información de los recuadros (A = números, B = letras).

A

presentar multiplicarse oír soler reprochar suponer introducir llegar enterrar ver significar atravesar ser (4) velar dar seguir unificar llevar

B

además gracias a tras por último pues a veces a partir de ahí

El Camino de Santiago

El peregrinaje medieval

Hay leyendas que acaban por perderse en el transcurso de los tiempos y otras que, más afortunadas, logran convertirse en las bases de auténticos fenómenos sociológicos. Una de estas fue la que creó y desarrolló el Camino de Santiago.
La leyenda comenzó durante los reinados de Carlomagno en Centroeuropa y Alfonso II en Asturias, a finales del s. VIII, al propagarse en todo el Occidente cristiano la noticia de que en el extremo más remoto de la Península Ibérica, en tierras de Galicia, estaba enterrado Santiago el Mayor, uno de los doce apóstoles.

El origen de la leyenda

La manera en que el cuerpo del Apóstol 1_________ a Galicia y la certidumbre del lugar donde 2_________ no tiene gran interés, a_________ lo que realmente cuenta son las consecuencias que la leyenda originó.
El primer paso lo 3_________ el obispo Teodomiro, que, dando por buenas las noticias que hablaban de que un monje había encontrado la tumba del apóstol, construyó un templo sobre el sepulcro. b_________, las noticias sobre prodigios, apariciones y milagros 4_________, lo que hizo aumentar cada vez más la fama y el prestigio de Santiago de Compostela como centro de peregrinación.
c_________ numerosos documentos, restos arqueológicos, iglesias, reliquias y sobre todo al Códice Calixtino, escrito por el clérigo francés Aimerico Picaud, actualmente podemos conocer lo que 5_________ Santiago, los itinerarios que 6_________ los peregrinos, y anécdotas de muchos viajes.

«El Camino»

Los itinerarios que 7_________ a Santiago eran muchos, pero el más conocido es el que aparece en el Códice. En él se habla de cuatro itinerarios por tierras francesas que 8_________ los Pirineos por dos lugares, Somport y Roncesvalles. d_________ pasar Pamplona se 9_________ en Puente La Reina y, desde allí, ya convertido en un solo camino, se dirigía por tierras de La Rioja, Burgos, Palencia y León, hasta Santiago de Compostela. La peregrinación 10_________ una práctica arraigada en el mundo cristiano, especialmente a los Santos Lugares, como Belén y Jerusalén. Los motivos que impulsaban a miles de peregrinos a aventurarse en largos, costosos, inseguros e incómodos viajes 11_________ muy diversos. Los había a los que tan solo les movía el interés religioso; otros cumplían promesas hechas en momentos difíciles de sus vidas; e_________ el peregrinaje respondía a la imposición de una pena canónica o, incluso, al pago de una pena impuesta por la justicia. f_________, tampoco faltaban los auténticos aventureros en busca de nuevas experiencias.
Durante el camino, los peregrinos 12_________ utilizar las hospederías públicas y las posadas, donde descansaban y convalecían de alguna enfermedad. El abuso de los precios 13_________ una práctica normal. A los posaderos se les 14_________ servir vino malo, dar mal de comer y practicar intercambios comerciales deshonestos. Los robos 15_________ bastante comunes.

La llegada

La llegada a Santiago 16_________ un motivo de júbilo extraordinario. Desde el Monte del Gozo, el peregrino 17_________ las altas torres de la catedral, después de días, y a veces meses, de penoso caminar. Una vez en la ciudad, 18_________ en la catedral durante toda la noche y, a la mañana siguiente, 19_________ las ofrendas al apóstol y 20_________ la santa misa. La recompensa era la absolución de sus pecados, bien en parte o en su totalidad.
El Camino tuvo repercusiones importantes en los reinos de Navarra, Castilla y León. g_________ de traer prosperidad, el Camino de Santiago 21_________ en la Península Ibérica la cultura y el arte románico.